Kineski Okusi

Recepti za Autentičnu Kinesku Kuhinju

Li Wei

sadržaj

Kozice s umakom od ličija 9
Pržene kozice s mandarinama 10
Kozice s mangetoutom 11
Škampi s kineskim gljivama 12
Propirjajte škampe i grašak 13
Kozice s mango chutneyjem 15
Pekinške kozice 17
Kozice s paprikom 18
Prženi škampi sa svinjetinom 18
Prženi škampi sa Sherry umakom 20
Prženi škampi sa sezamom 21
Kuhani škampi u ljusci 22
Prženi škampi 23
Tempura od kozica 24
Žvakaća guma 24
Škampi s tofuom 26
Kozice s rajčicama 27
Kozice s umakom od rajčice 27
Škampi s umakom od rajčice i čileom 28
Prženi škampi s umakom od rajčice 29
Kozice s povrćem 31
Škampi s vodenim kestenima 32
škampi 33
Abalone s piletinom 34
Abalone sa šparogama 35
Abalone s gljivama 36
Abalone s umakom od kamenica 37
školjke kuhane na pari 38
Dagnje s klicama graha 38
Dagnje s đumbirom i češnjakom 40
Pržene školjke 41
kolači od rakova 42

puding od rakova 43
Meso kineskog lisnatog raka 44
Foo Yung rak s klicama graha 45
Rakovica s đumbirom 46
Rak Lo Mein 47
Prženi rakovi sa svinjetinom 49
Meso rakova kuhano na pari 50
pržene okruglice od lignji 51
kantonski jastog 52
prženi jastog 53
Jastog kuhan na pari sa šunkom 54
Jastog s gljivama 55
Rep jastoga sa svinjetinom 56
Prženi jastog 57
gnijezda jastoga 58
Dagnje u umaku od crnog graha 59
Dagnje s đumbirom 61
Dagnje kuhane na pari 62
pržene kamenice 63
Kamenice sa slaninom 64
Pržene kamenice s đumbirom 65
Kamenice s umakom od crnog graha 66
Jakobove kapice s mladicama bambusa 67
Jakobove kapice s jajima 68
Jakobove kapice s brokulom 69
Jakobove kapice s đumbirom 71
Jakobove kapice sa šunkom 72
Kajgana s jakobovim kapicama i začinskim biljem 73
Pečene dagnje i luk 74
Jakobove kapice s povrćem 75
Jakobove kapice s paprikom 76
Lignje s klicama graha 77
pržene lignje 78
pakiranja lignji 79
rolada od prženih lignji 81
Pržene lignje 83

Lignje sa suhim gljivama 83
Lignje s povrćem 84
Dinstana govedina s anisom 85
Teletina sa šparogama 86
Govedina s mladicama bambusa 87
Govedina s mladicama bambusa i gljivama 88
Kineska pirjana govedina 89
Govedina s klicama graha 90
Govedina s brokulom 91
Govedina sa sezamom i brokulom 92
Meso s roštilja 94
Kantonsko meso 95
Teletina sa mrkvom 96
Govedina s indijskim oraščićima 97
Tepsija od govedine u sporom kuhanju 98
Govedina s cvjetačom 99
Teletina sa celerom 100
Pečene ploške govedine s celerom 101
Rendana junetina s piletinom i celerom 102
Govedina s Čileom 103
Goveđi kineski kupus 105
Goveđi odrezak Suey 106
Teletina s krastavcima 107
Goveđi Chow Mein 108
filet krastavca 110
Curry pečena govedina 110
šunka kuhana na pari 112
Slanina sa kupusom 113
Piletina s bademima 114
Piletina s bademima i vodenim kestenom 116
Piletina s bademima i povrćem 117
piletina od anisa 119
Piletina s marelicama 120
Piletina sa šparogama 120
Piletina s patlidžanom 121
Bacon Roller Chicken 122

Piletina s klicama graha *123*
Piletina s umakom od crnog graha *124*
Piletina s brokulom *125*
Piletina sa kupusom i kikirikijem *127*
Piletina od indijskih oraha *127*
Piletina s kestenom *129*
Začinjena piletina *130*
Pečena piletina s čilijem *133*
Piletina Suey *135*
chicken chow mein *137*
Hrskavo začinjena piletina *139*
Pečena piletina s krastavcima *141*
pileći čili curry *143*
Kineski pileći curry *144*
brzi pileći curry *145*
Pileći curry s krumpirom *146*
pržene pileće nogice *147*
Pečena piletina s curry umakom *148*
pijana kokoš *149*
Slana piletina s jajima *151*
rolat od kokošjih jaja *153*
Piletina kuhana na pari s jajetom *155*
Dalekoistočna piletina *157*
Piletina Foo Yung *158*
Šunka i piletina Foo Yung *159*
Pečena piletina s đumbirom *160*
piletina s đumbirom *161*
Piletina od đumbira s gljivama i kestenom *162*
zlatno pile *163*
Marinirani pileći paprikaš Dorado *164*
Zlatni novčići *166*
Piletina kuhana na pari sa šunkom *167*
Piletina s Hoisin umakom *168*
medeno pile *170*
Kung pao piletina *171*
Piletina s porilukom *172*

Piletina s limunom 173
Piletinu s limunom propirjajte 175
Pileća jetrica s mladicama bambusa 177
pržena pileća jetrica 178
Pileća jetrica s mangetoutom 179
Tjestenina od pileće jetrice s palačinkama 180
Pileća jetrica s umakom od kamenica 180
Pileća jetrica s ananasom 181
Slatko-kisela pileća jetrica 182
Piletina s ličijem 183
Piletina s liči umakom 184
Piletina s mangetoutom 186
Piletina s mangom 187
Dinja punjena piletinom 189
Pečena piletina i gljive 190
Piletina sa gljivama i kikirikijem 191
Pečena piletina sa gljivama 193
Piletina kuhana na pari s gljivama 195
Piletina s lukom 196
Piletina od naranče i limuna 197
Piletina s umakom od kamenica 198
paketi piletine 199
Piletina s lješnjacima 200
Piletina s maslacem od kikirikija 201
Piletina s graškom 203
pekinška piletina 204
Piletina sa paprikom 205
Pečena piletina s paprikom 207
Piletina i ananas 209
Piletina s ananasom i ličijem 210
Piletina sa svinjetinom 211
Dinstana jaja sa šunkom i ribom 213
Dinstana jaja sa svinjetinom 214

Kozice s umakom od ličija

za 4 osobe

50 g / 2 oz / ½ jedna šalica (za sve namjene)
Brašno
2,5 ml / ½ čajna žličica soli
1 jaje, lagano tučeno
30 ml / 2 žlice vode
450 g / 1 lb oguljenih škampa
ulje za prženje
30 ml / 2 žlice ulja od kikirikija
2 kriške nasjeckanog korijena đumbira
30 ml / 2 žlice vinskog octa
5 ml / 1 žličica šećera
2,5 ml / ½ čajna žličica soli
15 ml / 1 žlica sojinog umaka
200g ličija u konzervi, ocijeđenog

Brašno, sol, jaje i vodu zapjeniti, po potrebi dodati još malo vode. Pomiješajte sa škampima dok se dobro ne prekrije. Zagrijte ulje i pržite kozice dok ne postanu hrskave i zlatno smeđe za nekoliko minuta. Ocijedite na kuhinjskom papiru i stavite na ringlu. U međuvremenu zagrijte ulje i pržite đumbir

1 minutu. Dodajte vinski ocat, šećer, sol i sojin umak. Dodajte liči i miješajte dok ne bude vruće i prekriveno umakom. Prelijte preko škampa i odmah poslužite.

Pržene kozice s mandarinama

za 4 osobe

60 ml / 4 žlice ulja od kikirikija
1 češanj češnjaka protisnuti
1 kriška korijena đumbira, mljevena
450 g / 1 lb oguljenih škampa
30 ml / 2 žlice rižinog vina ili suhog šerija 30 ml / 2 žlice soja umaka
15 ml / 1 žlica kukuruznog brašna (kukuruzni škrob)
45 ml / 3 žlice vode

Zagrijte ulje i popržite češnjak i đumbir dok malo ne porumene. Dodajte škampe i pržite 1 minutu. Dodajte vino ili šeri i dobro promiješajte. Dodajte sojin umak, kukuruzni škrob i vodu te pržite 2 minute.

Kozice s mangetoutom

za 4 osobe

5 suhih kineskih gljiva

225 g klica graha

60 ml / 4 žlice ulja od kikirikija

5 ml / 1 žličica soli

2 stabljike celera nasjeckane

4 mlada luka, nasjeckana

2 češnja češnjaka, mljevena

2 kriške nasjeckanog korijena đumbira

60 ml / 4 žlice vode

15 ml / 1 žlica sojinog umaka

15 ml / 1 žlica rižinog vina ili suhog šerija

225g/8oz graška šećera

225 g / 8 oz oguljenih škampa

15 ml / 1 žlica kukuruznog brašna (kukuruzni škrob)

Namočite gljive u toploj vodi 30 minuta, a zatim filtrirajte. Bacite peteljke i odrežite vrhove. Klice graha blanširajte u kipućoj vodi 5 minuta, zatim dobro ocijedite. Zagrijte pola ulja i popržite sol, celer, mladi luk i klice graha 1 minutu pa izvadite iz tave. Zagrijte preostalo ulje i popržite češnjak i đumbir dok lagano ne porumene. Dodajte pola vode, sojin umak, vino ili sherry, grašak i škampe, zakuhajte i kuhajte 3 minute. Pomiješajte kukuruznu krupicu i preostalu vodu dok ne postane pasta, umiješajte u tavu i pirjajte dok se umak ne zgusne. Vratite povrće u tavu i pirjajte dok se ne zagrije. Poslužite odmah.

Škampi s kineskim gljivama

za 4 osobe

8 suhih kineskih gljiva
45 ml / 3 žlice ulja od kikirikija (kikiriki)
3 kriške korijena đumbira, mljevenog
450 g / 1 lb oguljenih škampa
15 ml / 1 žlica sojinog umaka
5 ml / 1 žličica soli
60 ml / 4 žlice ribljeg soka

Namočite gljive u toploj vodi 30 minuta, a zatim filtrirajte. Bacite peteljke i odrežite vrhove. Zagrijte pola ulja i popržite đumbir dok blago ne porumeni. Dodajte škampe, sojin umak i sol i pržite dok ne prekriju uljem, a zatim ih izvadite iz tave. Zagrijte preostalo ulje i pržite gljive dok ih ulje ne prekrije. Dodajte juhu, zakuhajte, poklopite i kuhajte 3 minute. Vratite škampe u tavu i miješajte dok se ne zagriju.

Propirjajte škampe i grašak

za 4 osobe
450 g / 1 lb oguljenih škampa
5 ml / 1 žličica sezamovog ulja
5 ml / 1 žličica soli
30 ml / 2 žlice ulja od kikirikija
1 češanj češnjaka protisnuti
1 kriška korijena đumbira, mljevena
225 g smrznutog ili blanširanog graška, odmrznutog
4 mlada luka, nasjeckana
30 ml / 2 žlice vode
sol papar

Pomiješajte škampe sa sezamovim uljem i soli. Zagrijte ulje i pržite češnjak i đumbir 1 minutu. Dodajte škampe i pržite 2 minute. Dodajte grašak i pržite 1 minutu. Dodajte mladi luk i vodu te začinite po ukusu sa soli, paprom i malo sezamovog ulja. Prije posluživanja zagrijte pažljivo miješajući.

Kozice s mango chutneyjem

za 4 osobe

12 kozica

sol papar

Sok od 1 limuna

30 ml / 2 žlice kukuruznog brašna (kukuruzni škrob)

1 mango

5 ml / 1 žličica senfa u prahu

5 ml / 1 žličica meda

30 ml / 2 žlice kokosovog vrhnja

30 ml / 2 žlice blagog curry praha

120 ml / 4 fl oz / ¬Ω šalice pileće juhe

45 ml / 3 žlice ulja od kikirikija (kikiriki)

2 češnja češnjaka sitno nasjeckana

2 mlada luka (mladi luk), nasjeckana

1 glavica luka komorača, nasjeckana

100 g ajvara od manga

Ogulite kozice, a repove ostavite netaknute. Pospite solju, paprom i limunovim sokom, pa prekrijte polovicom kukuruzne krupice. Ogulite mango, izvadite pulpu iz jezgre i narežite ga na kockice. Pomiješajte senf, med, vrhnje od kokosa, curry prah, ostatak kukuruznog škroba i juhu. Zagrijte pola ulja i na njemu pržite češnjak, mladi luk i komorač 2 minute. Dodajte mješavinu juhe, zakuhajte i kuhajte 1 minutu. Dodajte kockice manga i ljuti umak i lagano zagrijte pa stavite na topli tanjur. Zagrijte preostalo ulje i pržite škampe 2 minute. Stavite na vrh povrća i poslužite odjednom.

Pekinške kozice

za 4 osobe

30 ml / 2 žlice ulja od kikirikija
2 češnja češnjaka, mljevena
1 kriška korijena đumbira, sitno nasjeckanog
225 g / 8 oz oguljenih škampa
4 mladog luka (kapulije) narezana na deblje ploške
120 ml / 4 fl oz / ½ šalice pileće juhe
5 ml / 1 žličica smeđeg šećera
5 ml / 1 žličica soja umaka
5 ml / 1 žličica hoisin umaka
5 ml / 1 žličica Tabasco umaka

Zagrijte ulje s češnjakom i đumbirom i pržite dok češnjak blago ne porumeni. Dodajte škampe i pržite 1 minutu. Dodajte luk i pržite 1 minutu. Dodajte ostale sastojke, zakuhajte, poklopite i kuhajte 4 minute uz povremeno miješanje. Provjerite začine i dodajte još malo Tabasco umaka ako želite.

Kozice s paprikom

za 4 osobe

30 ml / 2 žlice ulja od kikirikija
1 zelena paprika, narezana na kockice
450 g / 1 lb oguljenih škampa
10 ml / 2 žličice kukuruznog brašna (kukuruzni škrob)
60 ml / 4 žlice vode
5 ml / 1 žličica rižinog vina ili suhog šerija
2,5 ml / ¬Ω čajna žličica soli
45 ml / 2 žlice paste od rajčice (tjestenina)

Zagrijte ulje i pržite papriku 2 minute. Dodajte škampe i pastu od rajčice i dobro promiješajte. Pomiješajte vodu od kukuruznog brašna, vino ili šeri i sol u pastu, umiješajte u tavu i kuhajte uz miješanje dok se umak ne izbistri i ne zgusne.

Prženi škampi sa svinjetinom

za 4 osobe

225 g / 8 oz oguljenih škampa

100 g / 4 oz nemasne svinjetine, nasjeckane

60 ml / 4 žlice rižinog vina ili suhog šerija

1 bjelanjak

45 ml / 3 žlice kukuruznog brašna (kukuruzni škrob)

5 ml / 1 žličica soli

15 ml / 1 žlica vode (po izboru)

90 ml / 6 žlica ulja od kikirikija (kikiriki)

45 ml / 3 žlice ribljeg soka

5 ml / 1 žličica sezamovog ulja

Stavite škampe i svinjetinu na zasebne tanjure. Pomiješajte 45 ml / 3 žlice vina ili sherryja, snijeg od bjelanjaka, 30 ml / 2 žlice kukuruznog brašna i sol da dobijete rahlo tijesto, po potrebi dodajte vodu. Podijelite smjesu između svinjetine i škampa i dobro promiješajte da se ravnomjerno prekrije. Zagrijte ulje i pržite svinjetinu i škampe dok ne porumene nekoliko minuta. Izvadite iz posude i ulijte sve osim 15 ml/1 žlice ulja. Dodajte juhu u tavu s preostalim vinom ili šerijem i kukuruznom brašnom. Zakuhajte i uz miješanje kuhajte dok se umak ne zgusne. Prelijte škampe i svinjetinu i poslužite pokapano sezamovim uljem.

Prženi škampi sa Sherry umakom

za 4 osobe

50 g / 2 oz / ¬Ω šalica višenamjenskog brašna

2,5 ml / ¬Ω čajna žličica soli

1 jaje, lagano tučeno

30 ml / 2 žlice vode

450 g / 1 lb oguljenih škampa

ulje za prženje

15 ml / 1 žlica ulja od kikirikija

1 glavica luka sitno nasjeckana

45 ml / 3 žlice rižinog vina ili suhog šerija

15 ml / 1 žlica sojinog umaka

120 ml / 4 fl oz / ¬Ω šalica ribljeg soka

10 ml / 2 žličice kukuruznog brašna (kukuruzni škrob)

30 ml / 2 žlice vode

Brašno, sol, jaje i vodu zapjeniti, po potrebi dodati još malo vode. Pomiješajte sa škampima dok se dobro ne prekrije. Zagrijte ulje i pržite kozice dok ne postanu hrskave i zlatno smeđe za nekoliko minuta. Ocijedite na kuhinjskom papiru i stavite na ringlu. U međuvremenu zagrijte ulje i popržite luk dok ne omekša. Dodajte vino ili šeri, sojin umak i juhu, zakuhajte i kuhajte 4 minute. Pomiješajte kukuruzno brašno i vodu u pastu, umiješajte u tavu i kuhajte uz miješanje dok umak ne postane bistar i gust. Umak prelijte preko kozica i poslužite.

Prženi škampi sa sezamom

za 4 osobe

450 g / 1 lb oguljenih škampa
¬Ω bjelanjak
5 ml / 1 žličica soja umaka
5 ml / 1 žličica sezamovog ulja
50 g / 2 oz / ¬Ω šalice kukuruznog brašna (maizena)
sol i svježe mljeveni bijeli papar
ulje za prženje
60 ml / 4 žlice sjemenki sezama
Listovi salate

Pomiješajte škampe s bjelanjkom, soja umakom, sezamovim uljem, kukuruznim škrobom, soli i paprom. Dodajte malo vode ako je smjesa pregusta. Zagrijte ulje i pržite škampe nekoliko minuta dok lagano ne porumene. U međuvremenu na suhoj tavi kratko prepecite sjemenke sezama dok ne porumene. Ocijedite škampe i pomiješajte sa sjemenkama sezama. Poslužite na podlozi od salate.

Kuhani škampi u ljusci

za 4 osobe

60 ml / 4 žlice ulja od kikirikija
750 g / 1¬Ω lb neoguljenih škampa
3 mlada luka, nasjeckana
3 kriške korijena đumbira, mljevenog
2,5 ml / ¬Ω čajna žličica soli
15 ml / 1 žlica rižinog vina ili suhog šerija
120 ml / 4 fl oz / ¬Ω šalice umaka od rajčice (kečap)
15 ml / 1 žlica sojinog umaka
15 ml / 1 žlica šećera
15 ml / 1 žlica kukuruznog brašna (kukuruzni škrob)
60 ml / 4 žlice vode

Zagrijte ulje i pržite kozice 1 minutu ako su kuhane ili dok ne porumene ako su sirove. Dodajte mladi luk, đumbir, sol i vino ili sherry te pržite 1 minutu. Dodajte umak od rajčice, sojin umak i šećer te pržite 1 minutu. Pomiješajte kukuruzno brašno i vodu, umiješajte u tavu i miješajte dok umak ne postane bistar i zgusnut.

Prženi škampi

za 4 osobe

75 g / 3 oz / ¬° šalice kukuruznog brašna (kukuruzni škrob)
1 bjelanjak
5 ml / 1 žličica rižinog vina ili suhog šerija
Sol
350 g / 12 oz oguljenih škampa
ulje za prženje

Pomiješajte kukuruznu krupicu, bjelanjke, vino ili šeri i prstohvat soli u gustu smjesu. Umočite škampe u tijesto dok se dobro ne prekriju. Zagrijte ulje na srednjoj temperaturi i pržite kozice dok ne porumene nekoliko minuta. Izvadite iz ulja, zagrijte dok se ne zagrije i ponovno pržite kozice dok ne postanu hrskave i zlatno smeđe.

Tempura od kozica

za 4 osobe

450 g / 1 lb oguljenih škampa
30 ml / 2 žlice višenamjenskog brašna
30 ml / 2 žlice kukuruznog brašna (kukuruzni škrob)
30 ml / 2 žlice vode
2 razmućena jaja
ulje za prženje

Zarežite škampe do sredine unutarnjeg luka i raširite ih tako da oblikuju leptira. Pomiješajte brašno, kukuruzni škrob i vodu u tijesto, a zatim dodajte jaja. Zagrijte ulje i pržite škampe dok ne porumene.

Žvakaća guma

za 4 osobe

30 ml / 2 žlice ulja od kikirikija

2 mlada luka (mladi luk), nasjeckana

1 češanj češnjaka protisnuti

1 kriška korijena đumbira, mljevena

100 g pilećih prsa narezanih na trakice

100 g / 4 oz šunke, narezane na trakice

100 g izdanaka bambusa, narezanih na trakice

100 g vodenog kestena narezanog na trakice

225 g / 8 oz oguljenih škampa

30 ml / 2 žlice soja umaka

30 ml / 2 žlice rižinog vina ili suhog šerija

5 ml / 1 žličica soli

5 ml / 1 žličica šećera

5 ml / 1 žličica kukuruznog brašna (kukuruzni škrob)

Zagrijte ulje i popržite mladi luk, češnjak i đumbir dok lagano ne porumene. Dodajte piletinu i pržite 1 minutu. Dodajte šunku, mladice bambusa i vodene kestene te pržite 3 minute. Dodajte škampe i pržite 1 minutu. Dodajte sojin umak, vino ili šeri, sol i šećer i pržite 2 minute. Kukuruzno brašno pomiješajte s malo vode, umiješajte u posudu i uz miješanje kuhajte 2 minute na laganoj vatri.

Škampi s tofuom

za 4 osobe

45 ml / 3 žlice ulja od kikirikija (kikiriki)

225 g / 8 oz tofua, narezanog na kockice

1 mladi luk (kapula), sitno nasjeckan

1 češanj češnjaka protisnuti

15 ml / 1 žlica sojinog umaka

5 ml / 1 žličica šećera

90 ml / 6 žlica ribljeg soka

225 g / 8 oz oguljenih škampa

15 ml / 1 žlica kukuruznog brašna (kukuruzni škrob)

45 ml / 3 žlice vode

Zagrijte pola ulja i pržite tofu dok lagano ne porumeni, a zatim ga izvadite iz tave. Zagrijte preostalo ulje i popržite mladi luk i češnjak dok ne porumene. Dodajte sojin umak, šećer i juhu i pustite da zavrije. Dodajte škampe i miješajte na laganoj vatri 3 minute. Pomiješajte kukuruznu krupicu i vodu dok ne postane pasta, umiješajte u tavu i pirjajte uz miješanje dok se umak ne zgusne. Vratite tofu u tavu i pirjajte dok se ne zagrije.

Kozice s rajčicama

za 4 osobe

2 bjelanjka

30 ml / 2 žlice kukuruznog brašna (kukuruzni škrob)

5 ml / 1 žličica soli

450 g / 1 lb oguljenih škampa

ulje za prženje

30 ml / 2 žlice rižinog vina ili suhog šerija

225 g / 8 oz rajčica, oguljenih, sjemenki i nasjeckanih

Pomiješajte bjelanjke, kukuruzni škrob i sol. Dodajte škampe dok se dobro ne prekriju. Zagrijte ulje i pržite kozice dok ne omekšaju. Ulijte sve osim 15 ml/1 žlice ulja i ponovno zagrijte. Dodajte vino ili šeri i rajčice i pustite da zavrije. Dodajte škampe i brzo zagrijte prije posluživanja.

Kozice s umakom od rajčice

za 4 osobe

30 ml / 2 žlice ulja od kikirikija

1 češanj češnjaka protisnuti

2 kriške nasjeckanog korijena đumbira

2,5 ml / ½ čajna žličica soli

15 ml / 1 žlica rižinog vina ili suhog šerija

15 ml / 1 žlica sojinog umaka

6 ml / 4 žlice umaka od rajčice (ketchup)

120 ml / 4 fl oz / ½ šalica ribljeg soka

350 g / 12 oz oguljenih škampa

10 ml / 2 žličice kukuruznog brašna (kukuruzni škrob)

30 ml / 2 žlice vode

Zagrijte ulje i pržite češnjak, đumbir i sol 2 minute. Dodajte vino ili šeri, sojin umak, umak od rajčice i juhu i pustite da zavrije. Dodajte škampe, poklopite i pirjajte 2 minute. Kukuruzno brašno i vodu pomiješajte u pastu, umiješajte u tavu i pirjajte uz miješanje dok se umak ne razbistri i zgusne.

Škampi s umakom od rajčice i čileom

za 4 osobe

60 ml / 4 žlice ulja od kikirikija

15 ml / 1 žlica mljevenog đumbira

15 ml / 1 žlica nasjeckanog češnjaka

15 ml / 1 žlica nasjeckanog vlasca

60 ml / 4 žlice paste od rajčice (tjestenina)

15 ml / 1 žlica čili umaka

450 g / 1 lb oguljenih škampa

15 ml / 1 žlica kukuruznog brašna (kukuruzni škrob)

15 ml / 1 žlica vode

Zagrijte ulje i na njemu pržite đumbir, češnjak i mladi luk 1 minutu. Dodajte pastu od rajčice i čili umak i dobro promiješajte. Dodajte škampe i pržite 2 minute. Pomiješajte kukuruznu krupicu i vodu u pastu, umiješajte u tavu i pirjajte dok se umak ne zgusne. Poslužite odmah.

Prženi škampi s umakom od rajčice

za 4 osobe

50 g / 2 oz / ¬Ω šalica višenamjenskog brašna

2,5 ml / ¬Ω čajna žličica soli

1 jaje, lagano tučeno

30 ml / 2 žlice vode

450 g / 1 lb oguljenih škampa
ulje za prženje
30 ml / 2 žlice ulja od kikirikija
1 glavica luka sitno nasjeckana
2 kriške nasjeckanog korijena đumbira
75 ml / 5 žlica paradajz sosa (ketchup)
10 ml / 2 žličice kukuruznog brašna (kukuruzni škrob)
30 ml / 2 žlice vode

Brašno, sol, jaje i vodu zapjeniti, po potrebi dodati još malo vode. Pomiješajte sa škampima dok se dobro ne prekrije. Zagrijte ulje i pržite kozice dok ne postanu hrskave i zlatno smeđe za nekoliko minuta. Ocijediti na papirnatom ručniku.

U međuvremenu zagrijte ulje i popržite luk i đumbir dok ne omekšaju. Dodajte umak od rajčice i pirjajte 3 minute. Pomiješajte kukuruznu krupicu i vodu dok ne postane pasta, umiješajte u tavu i pirjajte uz miješanje dok se umak ne zgusne. Dodajte škampe u tavu i kuhajte na laganoj vatri dok se ne zagriju. Poslužite odmah.

Kozice s povrćem

za 4 osobe

15 ml / 1 žlica ulja od kikirikija
225 g / 8 oz cvjetova brokule
225 g / 8 oz gljiva
225 g izdanaka bambusa, narezanih na kriške
450 g / 1 lb oguljenih škampa
120 ml / 4 fl oz / ½ šalice pileće juhe
5 ml / 1 žličica kukuruznog brašna (kukuruzni škrob)
5 ml / 1 žličica umaka od kamenica
2,5 ml / ½ žličica šećera
2,5 ml / ½ žličice naribanog korijena đumbira
prstohvat svježe mljevenog papra

Zagrijte ulje i pržite brokulu 1 minutu. Dodajte gljive i mladice bambusa i pržite 2 minute. Dodajte škampe i pržite 2 minute. Ostatak sastojaka pomiješajte i pomiješajte sa smjesom od kozica. Pustite da zavrije, miješajući, zatim kuhajte 1 minutu uz neprestano miješanje.

Škampi s vodenim kestenima

za 4 osobe

60 ml / 4 žlice ulja od kikirikija
1 češanj mljevenog češnjaka
1 kriška korijena đumbira, mljevena
450 g / 1 lb oguljenih škampa
30 ml / 2 žlice rižinog vina ili suhog šerija 225 g / 8 oz vodenih kestena, narezanih na ploške
30 ml / 2 žlice soja umaka
15 ml / 1 žlica kukuruznog brašna (kukuruzni škrob)
45 ml / 3 žlice vode

Zagrijte ulje i popržite češnjak i đumbir dok malo ne porumene. Dodajte škampe i pržite 1 minutu. Dodajte vino ili šeri i dobro promiješajte. Dodajte vodene kestene i pržite 5 minuta. Dodajte ostale sastojke i pržite 2 minute.

škampi

za 4 osobe

450 g oguljenih kozica, sitno narezanih
225 g / 8 oz miješanog povrća, nasjeckanog
15 ml / 1 žlica sojinog umaka
2,5 ml / ¬Ω čajna žličica soli
nekoliko kapi sezamovog ulja
40 skinova wontona
ulje za prženje

Pomiješajte škampe, povrće, sojin umak, sol i sezamovo ulje.

Za presavijanje wontona, držite kožu lijevim dlanom i stavite malo punjenja u sredinu. Premažite rubove jajetom i presavijte kožu u trokut, zalijepite rubove. Navlažite kutove jajetom i zavrnite.

Zagrijte ulje i pecite jedan po jedan wonton dok ne porumene. Dobro ocijedite prije posluživanja.

Abalone s piletinom

za 4 osobe

400 g / 14 oz konzervirane abalone
30 ml / 2 žlice ulja od kikirikija
100 g pilećih prsa narezanih na kockice
100 g izdanaka bambusa, narezanih
250 ml / 8 tečnih oz / 1 šalica ribljeg temeljca
15 ml / 1 žlica rižinog vina ili suhog šerija
5 ml / 1 žličica šećera
2,5 ml / ¬Ω čajna žličica soli
15 ml / 1 žlica kukuruznog brašna (kukuruzni škrob)
45 ml / 3 žlice vode

Ocijedite i narežite abalone na ploške, a sok ostavite sa strane. Zagrijte ulje i pržite piletinu dok ne postane svijetlo smeđa. Dodajte abalone i mladice bambusa i pržite 1 minutu. Dodajte tekućinu od abalona, temeljac, vino ili sherry, šećer i sol, zakuhajte i kuhajte 2 minute. Pomiješajte kukuruznu krupicu i vodu u pastu i kuhajte uz miješanje dok se umak ne izbistri i ne zgusne. Poslužite odmah.

Abalone sa šparogama

za 4 osobe

10 suhih kineskih gljiva
30 ml / 2 žlice ulja od kikirikija
15 ml / 1 žlica vode
225 g šparoga
2,5 ml / ½ žličica ribljeg umaka
15 ml / 1 žlica kukuruznog brašna (kukuruzni škrob)
225 g / 8 oz konzerviranog morskog uha, narezanog na kriške
60 ml / 4 žlice juhe
½ mala mrkva, narezana na ploške
5 ml / 1 žličica soja umaka
5 ml / 1 žličica umaka od kamenica
5 ml / 1 žličica rižinog vina ili suhog šerija

Namočite gljive u toploj vodi 30 minuta, a zatim filtrirajte. Bacite peteljke. Zagrijte 15 ml / 1 žlicu ulja s vodom i pržite gljive 10 minuta. U međuvremenu kuhajte šparoge u kipućoj vodi dok ne omekšaju s ribljim umakom i 5 ml / 1 žličicom kukuruzne krupice. Dobro ocijedite i stavite na zagrijani tanjur s gljivama. Držite ih na toplom. Zagrijte preostalo ulje i pržite abalone nekoliko sekundi, zatim dodajte juhu, mrkvu, sojin umak, umak od kamenica, vino ili šeri i ostatak kukuruznog škroba. Kuhajte oko 5 minuta dok ne omekša, zatim prelijte šparoge i poslužite.

Abalone s gljivama

za 4 osobe

6 suhih kineskih gljiva
400 g / 14 oz konzervirane abalone
45 ml / 3 žlice ulja od kikirikija (kikiriki)
2,5 ml / ¬Ω čajna žličica soli
15 ml / 1 žlica rižinog vina ili suhog šerija
3 mlada luka narezana na deblje

Namočite gljive u toploj vodi 30 minuta, a zatim filtrirajte. Bacite peteljke i odrežite vrhove. Ocijedite i narežite abalone na ploške, a sok ostavite sa strane. Zagrijte ulje i pržite sol i gljive 2 minute. Dodajte tekućinu od abalona i sherry, zakuhajte, poklopite i kuhajte na laganoj vatri 3 minute.

Dodajte abalone i mladi luk i pirjajte dok se ne zagriju. Poslužite odmah.

Abalone s umakom od kamenica

za 4 osobe

400 g / 14 oz konzervirane abalone
15 ml / 1 žlica kukuruznog brašna (kukuruzni škrob)
15 ml / 1 žlica sojinog umaka
45 ml / 3 žlice umaka od kamenica
30 ml / 2 žlice ulja od kikirikija
50 g / 2 oz dimljene šunke, nasjeckane

Ocijedite limenku abalonea, ostavljajući 90 ml / 6 žlica tekućine. Pomiješajte s kukuruznim brašnom, umakom od soje i umakom od kamenica. Zagrijte ulje i pržite ocijeđene abalone 1 minutu. Dodajte mješavinu umaka i pirjajte, miješajući, dok se ne zagrije, oko 1 minutu. Stavite na topli tanjur i poslužite ukrašeno šunkom.

školjke kuhane na pari

za 4 osobe

24 školjke

Dagnje temeljito istrljajte, a zatim ih potopite u slanu vodu nekoliko sati. Isperite pod tekućom vodom i stavite u plitku vatrostalnu posudu. Stavite na rešetku u posudu za kuhanje na pari, poklopite i kuhajte na pari iznad kipuće vode oko 10 minuta dok se sve školjke ne otvore. Odbacite one koji su ostali zatvoreni. Poslužite s umacima.

Dagnje s klicama graha

za 4 osobe

24 školjke

15 ml / 1 žlica ulja od kikirikija
150 g klica graha
1 zelena paprika narezana na trakice
2 mlada luka (mladi luk), nasjeckana
15 ml / 1 žlica rižinog vina ili suhog šerija
sol i svježe mljeveni papar
2,5 ml / ½ žličica sezamovog ulja
50 g / 2 oz dimljene šunke, nasjeckane

Dagnje temeljito istrljajte, a zatim ih potopite u slanu vodu nekoliko sati. Isperite pod tekućom vodom. Zakuhajte lonac vode, dodajte dagnje i pirjajte nekoliko minuta dok se ne otvore. Ocijedite i bacite sve preostale zatvorene dijelove. Školjke izvadite iz ljuski.

Zagrijte ulje i pržite klice graha 1 minutu. Dodajte papriku i mladi luk te pirjajte 2 minute. Dodajte vino ili šeri i začinite solju i paprom. Zagrijte, zatim dodajte školjke i miješajte dok se dobro ne izmiješa i zagrije. Stavite na topli tanjur i poslužite poškropljeno sezamovim uljem i šunkom.

Dagnje s đumbirom i češnjakom

za 4 osobe

24 školjke

15 ml / 1 žlica ulja od kikirikija

2 kriške nasjeckanog korijena đumbira

2 češnja češnjaka, mljevena

15 ml / 1 žlica vode

5 ml / 1 žličica sezamovog ulja

sol i svježe mljeveni papar

Dagnje temeljito istrljajte, a zatim ih potopite u slanu vodu nekoliko sati. Isperite pod tekućom vodom. Zagrijte ulje i pržite đumbir i češnjak 30 sekundi. Dodajte školjke, vodu i sezamovo ulje, poklopite i kuhajte oko 5 minuta dok se školjke ne otvore. Odbacite one koji su ostali zatvoreni. Lagano začinite solju i paprom i odmah poslužite.

Pržene školjke

za 4 osobe

24 školjke

60 ml / 4 žlice ulja od kikirikija

4 češnja češnjaka nasjeckana

1 sitno nasjeckani luk

2,5 ml / ½ čajna žličica soli

Dagnje temeljito istrljajte, a zatim ih potopite u slanu vodu nekoliko sati. Isperite pod tekućom vodom i osušite. Zagrijte ulje i popržite češnjak, luk i sol dok ne omekšaju. Dodajte školjke, poklopite i pirjajte oko 5 minuta dok se sve školjke ne otvore. Odbacite one koji su ostali zatvoreni. Lagano pržite još 1 minutu poškropljene uljem.

kolači od rakova

za 4 osobe

225 g klica graha

60 ml / 4 žlice ulja od kikirikija 100 g / 4 oz izdanaka bambusa, narezanih na trakice

1 sitno nasjeckani luk

225 g mesa rakova, u listićima

4 jaja, lagano tučena

15 ml / 1 žlica kukuruznog brašna (kukuruzni škrob)

30 ml / 2 žlice soja umaka

sol i svježe mljeveni papar

Klice graha blanširajte u kipućoj vodi 4 minute, zatim procijedite. Zagrijte pola ulja i popržite klice graha, mladice bambusa i luk dok ne omekšaju. Maknite s vatre i umiješajte ostale sastojke osim ulja. U čistoj tavi zagrijte preostalo ulje i ispecite pogačicu od žlice mesa rakova. Pržite obje strane dok malo ne porumene, a zatim odmah poslužite.

puding od rakova

za 4 osobe

225 g / 8 oz mesa rakova
5 tučenih jaja
1 mladi luk (kapula) nasjeckan
250 ml / 8 tečnih oz / 1 šalica vode
5 ml / 1 žličica soli
5 ml / 1 žličica sezamovog ulja

Sve sastojke dobro promiješajte. Stavite u zdjelu, poklopite i stavite na kupku iznad vruće vode ili na rešetku za kuhanje na pari. Kuhajte oko 35 minuta dok ne dobijete puding, povremeno miješajući. Poslužite s rižom.

Meso kineskog lisnatog raka

za 4 osobe

450 g / 1 lb kineskog lišća, naribanog

45 ml / 3 žlice biljnog ulja

2 mlada luka (mladi luk), nasjeckana

225 g / 8 oz mesa rakova

15 ml / 1 žlica sojinog umaka

15 ml / 1 žlica rižinog vina ili suhog šerija

5 ml / 1 žličica soli

Kinesko lišće blanširajte u kipućoj vodi 2 minute, zatim ga dobro ocijedite i isperite hladnom vodom. Zagrijte ulje i popržite mladi luk dok malo ne porumeni. Dodajte meso rakova i pržite 2 minute. Dodajte kinesko lišće i pržite 4 minute. Dodajte soja umak, vino ili sherry i sol te dobro promiješajte. Dodajte juhu i kukuruznu krupicu, zakuhajte i kuhajte 2 minute uz miješanje dok se umak ne izbistri i ne zgusne.

Foo Yung rak s klicama graha

za 4 osobe

6 tučenih jaja

45 ml / 3 žlice kukuruznog brašna (kukuruzni škrob)

225 g / 8 oz mesa rakova

100 g klica graha

2 mlada luka, sitno nasjeckana

2,5 ml / ¬Ω čajna žličica soli

45 ml / 3 žlice ulja od kikirikija (kikiriki)

Umutiti jaje, pa dodati kukuruznu krupicu. Pomiješajte ostale sastojke osim ulja. Zagrijte ulje i malo po malo ulijevajte smjesu u tavu da dobijete male palačinke širine oko 7,5 cm. Do tada pržite donji dio, zatim ga okrenite i pecite i drugu stranu.

Rakovica s đumbirom

za 4 osobe

15 ml / 1 žlica ulja od kikirikija

2 kriške nasjeckanog korijena đumbira

4 mlada luka, nasjeckana

3 češnja češnjaka nasjeckana

1 sitno nasjeckani crveni čili

350 g / 12 oz mesa rakova, u listićima

2,5 ml / ½ žličica riblje paste

2,5 ml / ½ žličica sezamovog ulja

15 ml / 1 žlica rižinog vina ili suhog šerija

5 ml / 1 žličica kukuruznog brašna (kukuruzni škrob)

15 ml / 1 žlica vode

Zagrijte ulje i pržite đumbir, mladi luk, češnjak i čili 2 minute. Dodajte meso rakova i miješajte dok se začini dobro ne prekriju. Dodajte riblju pastu. Ostatak sastojaka izmiksajte dok ne postane glatko, zatim ulijte u tavu i pržite 1 minutu. Poslužite odmah.

Rak Lo Mein

za 4 osobe

100 g klica graha
30 ml / 2 žlice ulja od kikirikija
5 ml / 1 žličica soli
1 sitno nasjeckani luk
100 g gljiva, narezanih na ploške
225 g mesa rakova, u listićima
100 g izdanaka bambusa, narezanih
Prepečena tjestenina
30 ml / 2 žlice soja umaka
5 ml / 1 žličica šećera
5 ml / 1 žličica sezamovog ulja
sol i svježe mljeveni papar

Klice graha blanširajte u kipućoj vodi 5 minuta, zatim procijedite. Zagrijte ulje i pirjajte sol i luk dok ne omekšaju. Dodajte gljive i pirjajte dok ne omekšaju. Dodajte meso rakova i pržite 2 minute. Dodajte klice graha i mladice bambusa i pržite 1 minutu. Dodajte ocijeđeno tijesto u tavu i lagano promiješajte. Pomiješajte sojin umak, šećer i sezamovo ulje, začinite solju i paprom. Miješajte u tavi dok se ne zagrije.

Prženi rakovi sa svinjetinom

za 4 osobe

30 ml / 2 žlice ulja od kikirikija
100 g mljevene svinjetine (mljevene)
350 g / 12 oz mesa rakova, u listićima
2 kriške nasjeckanog korijena đumbira
2 jaja, lagano tučena
15 ml / 1 žlica sojinog umaka
15 ml / 1 žlica rižinog vina ili suhog šerija
30 ml / 2 žlice vode
sol i svježe mljeveni papar
4 mlada luka, narezana na trakice

Zagrijte ulje i pržite svinjetinu dok ne posvijetli. Dodajte meso rakova i đumbir i pržite 1 minutu. Dodajte jaja. Dodajte sojin umak, vino ili šeri, vodu, sol i papar i pržite uz miješanje oko 4 minute. Poslužite ukrašeno vlascem.

Meso rakova kuhano na pari

za 4 osobe

30 ml / 2 žlice ulja od kikirikija
450 g rakova u listićima
2 mlada luka (mladi luk), nasjeckana
2 kriške nasjeckanog korijena đumbira
30 ml / 2 žlice soja umaka
30 ml / 2 žlice rižinog vina ili suhog šerija
2,5 ml / ¬Ω čajna žličica soli
15 ml / 1 žlica kukuruznog brašna (kukuruzni škrob)
60 ml / 4 žlice vode

Zagrijte ulje i na njemu pržite meso rakova, mladi luk i đumbir 1 minutu. Dodajte sojin umak, vino ili šeri i sol, poklopite i pirjajte 3 minute. Pomiješajte kukuruzno brašno i vodu u pastu, umiješajte u tavu i kuhajte uz miješanje dok umak ne postane bistar i gust.

pržene okruglice od lignji

za 4 osobe

450 g / 1 funta lignji

50 g / 2 oz svinjske masti, zgnječene

1 bjelanjak

2,5 ml / ½ žličica šećera

2,5 ml / ½ žličica kukuruznog škroba (kukuruzni škrob)

sol i svježe mljeveni papar

ulje za prženje

Lignje narežite i sameljite ili napravite pastu. Pomiješajte s mašću, bjelanjkom, šećerom i kukuruznim škrobom, pa začinite solju i paprom. Smjesu utisnite u kuglice. Zagrijte ulje i po potrebi pržite okruglice od lignji dok ne isplivaju na površinu ulja i porumene. Dobro ocijedite i poslužite zajedno.

kantonski jastog

za 4 osobe

2 jastoga

30 ml / 2 žlice ulja

15 ml / 1 žlica umaka od crnog graha

1 češanj češnjaka protisnuti

1 sitno nasjeckani luk

225 g mljevene svinjetine

45 ml / 3 žlice soja umaka

5 ml / 1 žličica šećera

sol i svježe mljeveni papar

15 ml / 1 žlica kukuruznog brašna (kukuruzni škrob)

75 ml / 5 žlica vode

1 razmućeno jaje

Jastoge narežite na komade, izvadite meso i narežite na kocke veličine 2,5 cm. Zagrijte ulje i popržite umak od crnog graha, češnjak i luk dok lagano ne porumene. Dodajte svinjetinu i pržite dok ne porumeni. Dodajte soja umak, šećer, sol, papar i jastoga, poklopite i pirjajte oko 10 minuta. Kukuruzno brašno i vodu pomiješajte u pastu, umiješajte u tavu i pirjajte uz miješanje dok se umak ne razbistri i zgusne. Prije posluživanja ugasite vatru i dodajte jaje.

prženi jastog

za 4 osobe

450 g / 1 lb mesa jastoga
30 ml / 2 žlice soja umaka
5 ml / 1 žličica šećera
1 razmućeno jaje
30 ml / 3 žlice višenamjenskog brašna
ulje za prženje

Meso jastoga narežite na kockice veličine 2,5 cm/1 i pomiješajte sa soja umakom i šećerom. Pustite da odstoji 15 minuta, zatim filtrirajte. Pomiješajte jaje i brašno, zatim dodajte jastoga i dobro promiješajte da se prekrije. Zagrijte ulje i pržite jastoga dok ne porumeni. Prije posluživanja ocijedite na kuhinjskom papiru.

Jastog kuhan na pari sa šunkom

za 4 osobe

4 jaja, lagano tučena
60 ml / 4 žlice vode
5 ml / 1 žličica soli
15 ml / 1 žlica sojinog umaka
450 g mesa jastoga, u listićima
15 ml / 1 žlica nasjeckane pršute
15 ml / 1 žlica nasjeckanog svježeg peršina

Umutiti jaja s vodom, soli i soja umakom. Izlijte u vatrostalnu posudu i pospite mesom jastoga. Zdjelu stavite na rešetku u posudu za kuhanje na pari, poklopite i kuhajte na pari 20 minuta dok se jaje ne stegne. Poslužite ukrašeno šunkom i peršinom.

Jastog s gljivama

za 4 osobe

450 g / 1 lb mesa jastoga
15 ml / 1 žlica kukuruznog brašna (kukuruzni škrob)
60 ml / 4 žlice vode
30 ml / 2 žlice ulja od kikirikija
4 mladog luka (kapulije) narezana na deblje ploške
100 g gljiva, narezanih na ploške
2,5 ml / ¬Ω čajna žličica soli
1 češanj češnjaka protisnuti
30 ml / 2 žlice soja umaka
15 ml / 1 žlica rižinog vina ili suhog šerija

Meso jastoga narežite na kockice veličine 2,5 cm. Pomiješajte kukuruznu krupicu i vodu i ubacite kockice jastoga u smjesu za premazivanje. Zagrijte pola ulja i popržite kockice jastoga dok lagano ne porumene pa ih izvadite iz tave. Zagrijte preostalo ulje i popržite mladi luk dok lagano ne porumeni. Dodajte gljive i pržite ih 3 minute. Dodajte sol, češnjak, soja umak i vino ili šeri i pržite 2 minute. Vratite jastoga u tavu i pirjajte dok se ne zagrije.

Rep jastoga sa svinjetinom

za 4 osobe

3 sušene kineske gljive
4 repa jastoga
60 ml / 4 žlice ulja od kikirikija
100 g mljevene svinjetine (mljevene)
50 g / 2 oz vodenog kestena, sitno nasjeckanog
sol i svježe mljeveni papar
2 češnja češnjaka, mljevena
45 ml / 3 žlice soja umaka
30 ml / 2 žlice rižinog vina ili suhog šerija
30 ml / 2 žlice umaka od crnog graha
10 ml / 2 žlice kukuruznog brašna (kukuruzni škrob)
120 ml / 4 fl oz / ¬Ω šalice vode

Namočite gljive u toploj vodi 30 minuta, a zatim filtrirajte. Bacite peteljke i odrežite vrhove. Rep jastoga prepolovite po dužini. Repovima jastoga odvojite meso, a ljuske sačuvajte. Zagrijte pola ulja i pržite svinjetinu dok ne postane svijetlo smeđa. Maknite s vatre i pomiješajte gljive, meso jastoga, vodene kestene, sol i papar. Utisnite meso natrag u oklop jastoga i stavite u posudu za pečenje. Stavite na rešetku u kuhalo za paru, poklopite i pirjajte oko 20 minuta dok ne omekša. U međuvremenu zagrijte preostalo ulje i pirjajte češnjak, sojin umak, vino ili šeri i umak od crnog graha 2 minute. Kukuruzno brašno i vodu pomiješajte dok ne dobijete pastu, stavite u tavu i kuhajte uz miješanje dok se umak ne zgusne. Jastoga stavite na topli tanjur, prelijte umakom i odmah poslužite.

Prženi jastog

za 4 osobe

450 g / 1 lb repa jastoga
30 ml / 2 žlice ulja od kikirikija
1 češanj češnjaka protisnuti
2,5 ml / ¬Ω čajna žličica soli
350 g / 12 oz klica graha
50 g / 2 oz gljiva

4 mladog luka (kapulije) narezana na deblje ploške
150 ml / ¬° pt / izdašna ¬Ω šalica pileće juhe
15 ml / 1 žlica kukuruznog brašna (kukuruzni škrob)

Zakuhajte lonac vode, dodajte repove jastoga i kuhajte 1 minutu. Ocijedite, ohladite, skinite kožicu i narežite na deblje ploške. Zagrijte ulje s češnjakom i soli te pržite dok češnjak malo ne porumeni. Dodajte jastoga i pržite 1 minutu. Dodajte klice graha i gljive te pržite 1 minutu. Dodajte vlasac. Dodajte veći dio juhe, zakuhajte, poklopite i kuhajte 3 minute. Pomiješajte kukuruznu krupicu s preostalom juhom, umiješajte u tavu i pirjajte uz miješanje dok umak ne postane bistar i gust.

gnijezda jastoga

za 4 osobe

30 ml / 2 žlice ulja od kikirikija
5 ml / 1 žličica soli
1 glavica luka sitno nasjeckana
100 g gljiva, narezanih na ploške
100 g mladica bambusa, narezanih na ploške 225 g / 8 oz kuhanog mesa jastoga
15 ml / 1 žlica rižinog vina ili suhog šerija

120 ml / 4 fl oz / ¬Ω šalice pileće juhe
prstohvat svježe mljevenog papra
10 ml / 2 žličice kukuruznog brašna (kukuruzni škrob)
15 ml / 1 žlica vode
4 košarice tjestenine

Zagrijte ulje i pirjajte sol i luk dok ne omekšaju. Dodajte gljive i mladice bambusa i pržite 2 minute. Dodajte meso jastoga, vino ili sherry i temeljac, zakuhajte, poklopite i kuhajte 2 minute. Začinite paprom. Pomiješajte kukuruznu krupicu i vodu dok ne postane pasta, umiješajte u tavu i pirjajte uz miješanje dok se umak ne zgusne. Na vrući tanjur za posluživanje složite gnijezda od tjestenine i na njih stavite jastoga.

Dagnje u umaku od crnog graha

za 4 osobe
45 ml / 3 žlice ulja od kikirikija (kikiriki)
2 češnja češnjaka, mljevena
2 kriške nasjeckanog korijena đumbira
30 ml / 2 žlice umaka od crnog graha
15 ml / 1 žlica sojinog umaka
1,5 kg/3 lbs školjki, opranih i očišćenih

2 mlada luka (mladi luk), nasjeckana

Zagrijte ulje i pržite češnjak i đumbir 30 sekundi. Dodajte umak od crnog graha i sojin umak i miješajući pržite 10 sekundi. Dodajte školjke, poklopite i kuhajte oko 6 minuta dok se školjke ne otvore. Odbacite one koji su ostali zatvoreni. Stavite na topli tanjur i poslužite posuto vlascem.

Dagnje s đumbirom

za 4 osobe

45 ml / 3 žlice ulja od kikirikija (kikiriki)
2 češnja češnjaka, mljevena
4 kriške nasjeckanog korijena đumbira
1,5 kg/3 lbs školjki, opranih i očišćenih
45 ml / 3 žlice vode
15 ml / 1 žlica umaka od kamenica

Zagrijte ulje i pržite češnjak i đumbir 30 sekundi. Dodajte školjke i vodu, poklopite i kuhajte oko 6 minuta, dok se školjke ne otvore. Odbacite one koji su ostali zatvoreni. Stavite na topli tanjur i poslužite preliveno umakom od kamenica.

Dagnje kuhane na pari

za 4 osobe

1,5 kg/3 lbs školjki, opranih i očišćenih

45 ml / 3 žlice soja umaka

3 mlada luka sitno nasjeckana

Stavite školjke na rešetku u posudu za kuhanje na pari, poklopite i kuhajte na pari iznad kipuće vode oko 10 minuta dok se sve školjke ne otvore. Odbacite one koji su ostali zatvoreni. Stavite na topli tanjur i pospite soja umakom i mladim lukom te poslužite.

pržene kamenice

za 4 osobe

24 školjke kamenice
sol i svježe mljeveni papar
1 razmućeno jaje
50 g / 2 oz / ¬Ω šalica višenamjenskog brašna
250 ml / 8 tečnih oz / 1 šalica vode
ulje za prženje
4 mlada luka, nasjeckana

Kamenice pospite solju i paprom. Jaje zapjeniti s brašnom i vodom, pa njime prekriti kamenice. Zagrijte ulje i pržite kamenice dok ne porumene. Ocijedite na kuhinjskom papiru i poslužite ukrašeno mladim lukom.

Kamenice sa slaninom

za 4 osobe

175 g slanine
24 školjke kamenice
1 jaje, lagano tučeno
15 ml / 1 žlica vode
45 ml / 3 žlice ulja od kikirikija (kikiriki)
2 sitno nasjeckana luka
15 ml / 1 žlica kukuruznog brašna (kukuruzni škrob)
15 ml / 1 žlica sojinog umaka
90 ml / 6 žlica pileće juhe

Slaninu narežite na komadiće i omotajte komad oko svake kamenice. Umutite jaje s vodom, a zatim umočite u kamenicu da se premaže. Zagrijte pola ulja i pržite kamenice dok lagano ne porumene s obje strane, a zatim ih izvadite iz tave i ocijedite od masnoće. Zagrijte preostalo ulje i pirjajte luk dok ne omekša. Pomiješajte kukuruzno brašno, sojin umak i juhu u pastu, ulijte u tavu i pirjajte uz miješanje dok se umak ne izbistri i ne zgusne. Prelijte preko kamenica i odmah poslužite.

Pržene kamenice s đumbirom

za 4 osobe

24 školjke kamenice
2 kriške nasjeckanog korijena đumbira
30 ml / 2 žlice soja umaka
15 ml / 1 žlica rižinog vina ili suhog šerija
4 mlada luka, narezana na trakice
100 g slanine
1 jaje
50 g / 2 oz / ¬Ω šalica višenamjenskog brašna
sol i svježe mljeveni papar
ulje za prženje
1 limun narezan na kriške

Stavite kamenice u zdjelu s đumbirom, soja umakom i vinom ili šerijem i dobro promiješajte da se prekriju. Pustite da odstoji 30 minuta. Stavite nekoliko trakica mladog luka na vrh svake kamenice. Slaninu narežite na komadiće i omotajte komad oko svake kamenice. Umutite jaje i brašno u tijesto, pa začinite solju i paprom. Umočite kamenice u tijesto dok se dobro ne prekriju. Zagrijte ulje i pržite kamenice dok ne porumene. Poslužite ukrašeno kriškama limuna.

Kamenice s umakom od crnog graha

za 4 osobe

350 g / 12 oz kamenica u ljusci
120 ml / 4 fl oz / ¬Ω šalice ulja od kikirikija (kikiriki)
2 češnja češnjaka, mljevena
3 mlada luka, narezana na ploške
15 ml / 1 žlica umaka od crnog graha
30 ml / 2 žlice tamnog soja umaka
15 ml / 1 žlica sezamovog ulja
prstohvat čilija u prahu

Kamenice blanširajte u kipućoj vodi 30 sekundi, zatim ocijedite. Zagrijte ulje i pržite češnjak i mladi luk 30 sekundi. Dodajte umak od crnog graha, soja umak, sezamovo ulje i kamenice te začinite čilijem u prahu po ukusu. Zakuhajte jako vruće i odmah poslužite.

Jakobove kapice s mladicama bambusa

za 4 osobe

60 ml / 4 žlice ulja od kikirikija

6 mladog luka, nasjeckanog

225 g šampinjona narezanih na četvrtine

15 ml / 1 žlica šećera

450 g / 1 lb jakobovih kapica bez ljuske

2 kriške nasjeckanog korijena đumbira

225 g izdanaka bambusa, narezanih na kriške

sol i svježe mljeveni papar

300 ml / ¬Ω pt / 1 ¬° šalice vode

30 ml / 2 žlice vinskog octa

30 ml / 2 žlice kukuruznog brašna (kukuruzni škrob)

150 ml / ¬° pt / velika ¬Ω šalica vode

45 ml / 3 žlice soja umaka

Zagrijte ulje i pržite mladi luk i gljive 2 minute. Dodajte šećer, školjke, đumbir, izdanke bambusa, sol i papar, poklopite i kuhajte 5 minuta. Dodajte vodu i vinski ocat, zakuhajte, poklopite i kuhajte 5 minuta. Pomiješajte kukuruznu krupicu i vodu dok ne postane pasta, umiješajte u tavu i pirjajte uz miješanje dok se umak ne zgusne. Začinite soja umakom i poslužite.

Jakobove kapice s jajima

za 4 osobe

45 ml / 3 žlice ulja od kikirikija (kikiriki)
350 g / 12 oz oljuštenih školjki
25 g / 1 oz dimljene šunke, nasjeckane
30 ml / 2 žlice rižinog vina ili suhog šerija
5 ml / 1 žličica šećera
2,5 ml / ¬Ω čajna žličica soli
prstohvat svježe mljevenog papra
2 jaja, lagano tučena
15 ml / 1 žlica sojinog umaka

Zagrijte ulje i pržite dagnje 30 sekundi. Dodajte šunku i pržite 1 minutu. Dodajte vino ili šeri, šećer, sol i papar i pirjajte 1 minutu. Dodajte jaja i lagano miješajte na jakoj vatri dok se sastojci dobro ne prekriju jajetom. Poslužite poškropljeno soja umakom.

Jakobove kapice s brokulom

za 4 osobe

350 g / 12 oz školjki, narezanih

3 kriške korijena đumbira, mljevenog

½ mala mrkva, narezana na ploške

1 češanj češnjaka protisnuti

45 ml / 3 žlice glatkog brašna (za sve namjene)

2,5 ml / ½ žličica sode bikarbone (soda bikarbona)

30 ml / 2 žlice ulja od kikirikija

15 ml / 1 žlica vode

1 narezana banana

ulje za prženje

275 g / 10 oz brokule

Sol

5 ml / 1 žličica sezamovog ulja

2,5 ml / ½ žličica čili umaka

2,5 ml / ½ čajna žličica vinskog octa

2,5 ml / ½ žličica paste od rajčice (tjestenina)

Pomiješajte školjke s đumbirom, mrkvom i češnjakom i ostavite da odstoje. Pomiješajte brašno, sodu bikarbonu, 15 ml/1 žlicu ulja i vodu u pastu i premažite ploške banane. Zagrijte ulje i pržite trputac dok ne porumeni, zatim ga ocijedite i posložite oko vrućeg tanjura za posluživanje. U međuvremenu skuhajte brokulu u slanoj vodi dok ne omekša pa je ocijedite. Zagrijte preostalo ulje sa sezamovim uljem i kratko popržite brokulu pa je okružite trputcem. U tavu dodajte umak od čilija, vinski ocat i pastu od rajčice i pržite jakobove kapice dok ne budu gotove. Žlicom stavite na tanjur i odmah poslužite.

Jakobove kapice s đumbirom

za 4 osobe

45 ml / 3 žlice ulja od kikirikija (kikiriki)

2,5 ml / ¬Ω čajna žličica soli

3 kriške korijena đumbira, mljevenog

2 mlada luka narezana na deblje

450 g školjki u ljusci, prerezanih na pola

15 ml / 1 žlica kukuruznog brašna (kukuruzni škrob)

60 ml / 4 žlice vode

Zagrijte ulje i pržite sol i đumbir 30 sekundi. Dodati vlasac i lagano popržiti. Dodajte jakobove kapice i pržite 3 minute. Pomiješajte kukuruznu krupicu i vodu dok ne postane pasta, dodajte u tavu i pirjajte uz miješanje dok se ne zgusne. Poslužite odmah.

Jakobove kapice sa šunkom

za 4 osobe

450 g školjki u ljusci, prerezanih na pola
250 ml / 8 tečnih oz / 1 šalica rižinog vina ili suhog šerija
1 glavica luka sitno nasjeckana
2 kriške nasjeckanog korijena đumbira
2,5 ml / ¬Ω čajna žličica soli
100 g / 4 oz dimljene šunke, nasjeckane

Stavite jakobove kapice u zdjelu i dodajte vino ili šeri. Pokrijte i marinirajte 30 minuta, povremeno okrećući, zatim ocijedite jakobove kapice i bacite marinadu. Jakobove kapice stavite u tavu s ostalim sastojcima. Stavite lonac na rešetku za kuhanje na pari, poklopite i kuhajte na pari iznad kipuće vode oko 6 minuta, dok jakobove kapice ne omekšaju.

Kajgana s jakobovim kapicama i začinskim biljem

za 4 osobe

225 g jakobovih kapica bez ljuske
30 ml / 2 žlice nasjeckanog svježeg korijandera
4 razmućena jaja
15 ml / 1 žlica rižinog vina ili suhog šerija
sol i svježe mljeveni papar
15 ml / 1 žlica ulja od kikirikija

Jakobove kapice stavite u posudu za kuhanje na pari i kuhajte na pari oko 3 minute dok se ne skuhaju, ovisno o veličini. Skinite s kuhala na pari i pospite cilantrom. Umutite jaja s vinom ili šerijem te dodajte sol i papar po ukusu. Dodajte školjke i korijander. Zagrijte ulje i pržite smjesu jaja i jakobove kapice uz stalno miješanje dok jaje ne omekša. Poslužite odmah.

Pečene dagnje i luk

za 4 osobe

45 ml / 3 žlice ulja od kikirikija (kikiriki)
1 sitno nasjeckani luk
450 g / 1 lb jakobovih kapica u ljusci, na četvrtine
sol i svježe mljeveni papar
15 ml / 1 žlica rižinog vina ili suhog šerija

Zagrijte ulje i pirjajte luk dok ne omekša. Dodajte jakobove kapice i pržite dok lagano ne porumene. Začinite solju i paprom, deglazirajte vinom ili šerijem i odmah poslužite.

Jakobove kapice s povrćem

do 4'6

4 sušene kineske gljive

2 luka

30 ml / 2 žlice ulja od kikirikija

3 stabljike celera, dijagonalno narezane

225 g / 8 oz zelenog graha, izrezanog dijagonalno

10 ml / 2 žličice naribanog korijena đumbira

1 češanj češnjaka protisnuti

20 ml / 4 žličice kukuruznog brašna (kukuruzni škrob)

250 ml / 8 tečnih oz / 1 šalica pileće juhe

30 ml / 2 žlice rižinog vina ili suhog šerija

30 ml / 2 žlice soja umaka

450 g / 1 lb jakobovih kapica u ljusci, na četvrtine

6 mladog luka, narezanog na ploške

425 g / 15 oz konzerviranog kukuruza u klipu

Namočite gljive u toploj vodi 30 minuta, a zatim filtrirajte. Bacite peteljke i odrežite vrhove. Luk narežite na kolutove, slojeve odvojite. Zagrijte ulje i pržite luk, celer, grah, đumbir i češnjak 3 minute. Kukuruzno brašno pomiješajte s malo juhe, zatim pomiješajte s preostalom juhom, vinom ili šerijem i sojinim umakom. Dodajte u wok i pustite da zavrije, miješajući. Dodajte gljive, školjke, mladi luk i kukuruz i pirjajte oko 5 minuta dok školjke ne omekšaju.

Jakobove kapice s paprikom

za 4 osobe

30 ml / 2 žlice ulja od kikirikija

3 mlada luka, nasjeckana

1 češanj češnjaka protisnuti

2 kriške nasjeckanog korijena đumbira

2 crvene paprike, narezane na kockice

450 g / 1 lb jakobovih kapica bez ljuske

30 ml / 2 žlice rižinog vina ili suhog šerija

15 ml / 1 žlica sojinog umaka

15 ml / 1 žlica umaka od žutog graha

5 ml / 1 žličica šećera

5 ml / 1 žličica sezamovog ulja

Zagrijte ulje i pržite mladi luk, češnjak i đumbir 30 sekundi. Dodajte papriku i pržite 1 minutu. Dodajte jakobove kapice i pržite ih 30 sekundi, zatim dodajte ostale sastojke i kuhajte cca. 3 minute dok jakobove kapice ne omekšaju.

Lignje s klicama graha

za 4 osobe

450 g / 1 funta lignji

30 ml / 2 žlice ulja od kikirikija

15 ml / 1 žlica rižinog vina ili suhog šerija

100 g klica graha

15 ml / 1 žlica sojinog umaka

Sol

1 crveni čili, naribani

2 kriške korijena đumbira, naribanog

2 mlada luka, naribana

Lignjama izvadite glavu, utrobu i opnu te ih narežite na veće komade. Izrežite uzorak preko svakog dijela. Zakuhajte lonac vode, dodajte lignje i kuhajte na laganoj vatri dok se komadići ne zarolaju, zatim izvadite i ocijedite. Zagrijte pola ulja i brzo popržite lignje. Zalijte vinom ili šerijem. U međuvremenu zagrijte preostalo ulje i kuhajte na pari klice graha dok ne omekšaju. Začinite soja umakom i soli. Rasporedite čili, đumbir i mladi luk na tanjur za posluživanje. Na sredinu naslagati klice graha, a na njih staviti lignje. Poslužite odmah.

pržene lignje

za 4 osobe

50 g/2 oz višenamjenskog brašna

25 g / 1 oz / ¬° šalice kukuruznog škroba (kukuruzni škrob)
2,5 ml / ¬Ω žličica praška za pecivo
2,5 ml / ¬Ω čajna žličica soli
1 jaje
75 ml / 5 žlica vode
15 ml / 1 žlica ulja od kikirikija
450 g lignji narezanih na kolutove
ulje za prženje

Pomiješajte brašno, kukuruzni škrob, prašak za pecivo, sol, jaje, vodu i ulje u tijesto. Umočite lignje u tijesto dok se dobro ne prekriju. Zagrijte ulje i pržite lignje nekoliko po nekoliko dok ne porumene. Prije posluživanja ocijedite na kuhinjskom papiru.

pakiranja lignji

za 4 osobe
8 suhih kineskih gljiva
450 g / 1 funta lignji

100 g / 4 oz dimljene šunke
100 g / 4 oz tofua
1 razmućeno jaje
15 ml / 1 žlica višenamjenskog brašna
2,5 ml / ¬Ω žličica šećera
2,5 ml / ¬Ω žličica sezamovog ulja
sol i svježe mljeveni papar
8 wonton skinova
ulje za prženje

Namočite gljive u toploj vodi 30 minuta, a zatim filtrirajte. Bacite peteljke. Lignje orezati i narezati na 8 komada. Šunku i tofu narežite na 8 dijelova. Stavite ih sve u zdjelu. Pomiješajte jaja s brašnom, šećerom, sezamovim uljem, soli i paprom. Ulijte sastojke u zdjelu i pažljivo promiješajte. Stavite šešir gljiva i komad lignje, šunke i tofua izravno ispod središta svake školjke wontona. Presavijte u donjem kutu, preklopite sa strane, zatim zarolajte, namočite rubove vodom da se zatvore. Zagrijte ulje i pržite grude oko 8 minuta dok ne porumene. Dobro ocijedite prije posluživanja.

rolada od prženih lignji

za 4 osobe

45 ml / 3 žlice ulja od kikirikija (kikiriki)
225 g / 8 oz kolutića lignje

1 velika zelena paprika, narezana na kockice

100 g izdanaka bambusa, narezanih

2 mlada luka, sitno nasjeckana

1 kriška korijena đumbira, sitno nasjeckanog

45 ml / 2 žlice soja umaka

30 ml / 2 žlice rižinog vina ili suhog šerija

15 ml / 1 žlica kukuruznog brašna (kukuruzni škrob)

15 ml / 1 žlica ribljeg temeljca ili vode

5 ml / 1 žličica šećera

5 ml / 1 žličica vinskog octa

5 ml / 1 žličica sezamovog ulja

sol i svježe mljeveni papar

Zagrijte 15 ml / 1 žličicu ulja i na brzinu pržite lignje dok se dobro ne zatvore. Za to vrijeme u posebnoj tavi zagrijte preostalo ulje i na njemu pržite papriku, mladicu bambusa, mladi luk i đumbir 2 minute. Dodajte lignje i pržite 1 minutu. Dodajte sojin umak, vino ili šeri, kukuruznu krupicu, juhu, šećer, vinski ocat i sezamovo ulje, a zatim začinite solju i paprom. Pirjajte dok se umak ne izbistri i zgusne.

Pržene lignje

za 4 osobe

45 ml / 3 žlice ulja od kikirikija (kikiriki)
3 mlada luka narezana na deblje
2 kriške nasjeckanog korijena đumbira
450 g / 1 lb lignji, narezanih na kockice
15 ml / 1 žlica sojinog umaka
15 ml / 1 žlica rižinog vina ili suhog šerija
5 ml / 1 žličica kukuruznog brašna (kukuruzni škrob)
15 ml / 1 žlica vode

Zagrijte ulje i popržite mladi luk i đumbir dok ne omekšaju. Dodajte lignje i pržite dok ih ulje ne prekrije. Dodajte sojin umak i vino ili šeri, poklopite i pirjajte 2 minute. Kukuruzno brašno i vodu pomiješajte u pastu, dodajte u tavu i kuhajte na laganoj vatri uz miješanje dok se umak ne zgusne i lignje ne omekšaju.

Lignje sa suhim gljivama

za 4 osobe

50 g suhih kineskih gljiva

450 g / 1 lb kolutića lignji
45 ml / 3 žlice ulja od kikirikija (kikiriki)
45 ml / 3 žlice soja umaka
2 mlada luka, sitno nasjeckana
1 kriška korijena đumbira, mljevena
225 g mladica bambusa, narezanih na trakice
30 ml / 2 žlice kukuruznog brašna (kukuruzni škrob)
150 ml / ¬° pt / izdašna ¬Ω šalica ribljeg temeljca

Namočite gljive u toploj vodi 30 minuta, a zatim filtrirajte. Bacite peteljke i odrežite vrhove. Lignje blanširajte nekoliko sekundi u kipućoj vodi. Zagrijte ulje pa dodajte gljive, sojin umak, mladi luk i đumbir te pržite 2 minute. Dodajte lignje i izdanke bambusa i pržite 2 minute. Pomiješajte kukuruznu krupicu i juhu, pa umiješajte u tavu. Kuhajte na laganoj vatri uz miješanje dok se umak ne izbistri i ne zgusne.

Lignje s povrćem

za 4 osobe

45 ml / 3 žlice ulja od kikirikija (kikiriki)

1 sitno nasjeckani luk

5 ml / 1 žličica soli

450 g / 1 lb lignji, narezanih na kockice

100 g izdanaka bambusa, narezanih

2 stabljike celera isječene ukoso

60 ml / 4 žlice pileće juhe

5 ml / 1 žličica šećera

100 g graška šećera

5 ml / 1 žličica kukuruznog brašna (kukuruzni škrob)

15 ml / 1 žlica vode

Zagrijte ulje i lagano popržite luk i sol. Dodajte lignje i pržite dok se ne okupaju uljem. Dodajte mladice bambusa i celer i pržite 3 minute. Dodajte juhu i šećer, zakuhajte, poklopite i kuhajte 3 minute dok povrće ne omekša. Dodajte mangetout. Pomiješajte kukuruznu krupicu i vodu dok ne postane pasta, umiješajte u tavu i pirjajte uz miješanje dok se umak ne zgusne.

Dinstana govedina s anisom

za 4 osobe

30 ml / 2 žlice ulja od kikirikija

450 g / 1 lb filet odreska

1 češanj češnjaka protisnuti

45 ml / 3 žlice soja umaka

15 ml / 1 žlica vode

15 ml / 1 žlica rižinog vina ili suhog šerija

5 ml / 1 žličica soli

5 ml / 1 žličica šećera

2 češnja zvjezdastog anisa

Zagrijte ulje i pržite meso sa svih strana da porumeni. Dodajte ostale sastojke, prokuhajte, poklopite i pirjajte oko 45 minuta, zatim meso okrenite i dodajte još malo vode i sojinog umaka ako je meso suho. Pirjajte još 45 minuta dok meso ne omekša. Bacite zvjezdasti anis prije posluživanja.

Teletina sa šparogama

za 4 osobe

450 g / 1 kg pečenice, narezane na kockice

30 ml / 2 žlice soja umaka

30 ml / 2 žlice rižinog vina ili suhog šerija

45 ml / 3 žlice kukuruznog brašna (kukuruzni škrob)

45 ml / 3 žlice ulja od kikirikija (kikiriki)

5 ml / 1 žličica soli

1 češanj češnjaka protisnuti

350 g / 12 oz šparoga
120 ml / 4 fl oz / ½ šalice pileće juhe
15 ml / 1 žlica sojinog umaka

Odrezak stavite u zdjelu. Pomiješajte soja umak, vino ili šeri i 30 ml / 2 žlice kukuruzne krupice, prelijte preko fileta i dobro promiješajte. Ostavite da se marinira 30 minuta. Zagrijte ulje sa soli i češnjakom i pržite dok češnjak malo ne porumeni. Dodajte meso i marinadu te pržite 4 minute. Dodajte šparoge i lagano pržite 2 minute. Dodajte juhu i sojin umak, zakuhajte i kuhajte uz miješanje 3 minute dok meso ne omekša. Preostalu kukuruznu krupicu pomiješajte s malo vode ili juhe i umiješajte u umak. Pirjajte na laganoj vatri uz miješanje nekoliko minuta dok se umak ne izbistri i ne zgusne.

Govedina s mladicama bambusa

za 4 osobe

45 ml / 3 žlice ulja od kikirikija (kikiriki)
1 češanj češnjaka protisnuti
1 mladi luk (kapula), sitno nasjeckan
1 kriška korijena đumbira, mljevena
225 g / 8 oz nemasne govedine, narezane na trakice
100 g izdanaka bambusa

45 ml / 3 žlice soja umaka
15 ml / 1 žlica rižinog vina ili suhog šerija
5 ml / 1 žličica kukuruznog brašna (kukuruzni škrob)

Zagrijte ulje i popržite češnjak, mladi luk i đumbir dok lagano ne porumene. Dodajte meso i kuhajte 4 minute dok lagano ne porumeni. Dodajte mladice bambusa i pržite 3 minute. Dodajte sojin umak, vino ili šeri i kukuruzni škrob i pirjajte 4 minute.

Govedina s mladicama bambusa i gljivama

za 4 osobe

225 g / 8 oz nemasne govedine
45 ml / 3 žlice ulja od kikirikija (kikiriki)
1 kriška korijena đumbira, mljevena
100 g izdanaka bambusa, narezanih
100 g gljiva, narezanih na ploške
45 ml / 3 žlice rižinog vina ili suhog šerija
5 ml / 1 žličica šećera
10 ml / 2 žličice soja umaka

sol papar
120 ml / 4 fl oz / ½ šalice goveđe juhe
15 ml / 1 žlica kukuruznog brašna (kukuruzni škrob)
30 ml / 2 žlice vode

Meso narežite na tanke ploške naspram zrna. Zagrijte ulje i pržite đumbir nekoliko sekundi. Dodajte meso i pržite dok ne porumeni. Dodajte mladice bambusa i gljive i pržite 1 minutu. Dodajte vino ili šeri, šećer i sojin umak, a zatim začinite solju i paprom. Dodajte juhu, zakuhajte, poklopite i kuhajte 3 minute. Pomiješajte kukuruzno brašno i vodu, umiješajte u tavu i miješajte dok se umak ne zgusne.

Kineska pirjana govedina

za 4 osobe

45 ml / 3 žlice ulja od kikirikija (kikiriki)
900 g / 2 lb ribeye odreska
1 mladi luk (kapula), narezan na ploške
1 češanj mljevenog češnjaka
1 kriška korijena đumbira, mljevena
60 ml / 4 žlice soja umaka
30 ml / 2 žlice rižinog vina ili suhog šerija
5 ml / 1 žličica šećera

5 ml / 1 žličica soli

prstohvat papra

750 ml / točka 1 / 3 šalice kipuće vode

Zagrijte ulje i brzo popržite meso sa svih strana. Dodajte mladi luk, češnjak, đumbir, sojin umak, vino ili šeri, šećer, sol i papar. Uz miješanje pustite da zavrije. Dodajte kipuću vodu, ponovno zakuhajte uz miješanje, a zatim poklopite i kuhajte oko 2 sata dok meso ne omekša.

Govedina s klicama graha

za 4 osobe

450 g / 1 lb nemasne govedine, narezane na kriške

1 bjelanjak

30 ml / 2 žlice ulja od kikirikija

15 ml / 1 žlica kukuruznog brašna (kukuruzni škrob)

15 ml / 1 žlica sojinog umaka

100 g klica graha

25 g / 1 oz kiselog kupusa, nasjeckanog

1 crveni čili, naribani

2 mlada luka, naribana

2 kriške korijena đumbira, naribanog

Sol

5 ml / 1 žličica umaka od kamenica
5 ml / 1 žličica sezamovog ulja

Meso pomiješajte s bjelanjkom, polovicom ulja, kukuruznim škrobom i sojinim umakom pa ostavite da odstoji 30 minuta. Klice graha blanširajte u kipućoj vodi oko 8 minuta dok gotovo ne omekšaju, a zatim ih ocijedite. Zagrijte preostalo ulje i lagano popržite meso pa ga izvadite iz tave. Dodajte kiseli kupus, čili papričicu, đumbir, sol, umak od kamenica i sezamovo ulje te pržite 2 minute. Dodajte klice graha i pržite 2 minute. Vratite meso u tavu i pržite dok se dobro ne izmiješa i zagrije. Poslužite odmah.

Govedina s brokulom

za 4 osobe
450 g / 1 lb pečenog odreska, tanko narezanog
30 ml / 2 žlice kukuruznog brašna (kukuruzni škrob)
15 ml / 1 žlica rižinog vina ili suhog šerija
15 ml / 1 žlica sojinog umaka

30 ml / 2 žlice ulja od kikirikija

5 ml / 1 žličica soli

1 češanj češnjaka protisnuti

225 g / 8 oz cvjetova brokule

150 ml / ¬° pt / izdašna ¬Ω šalica goveđe juhe

Odrezak stavite u zdjelu. Pomiješajte 15 ml / 1 žlicu kukuruzne krupice s vinom ili šerijem i sojinim umakom, dodajte mesu i marinirajte 30 minuta. Zagrijte ulje sa soli i češnjakom i pržite dok češnjak malo ne porumeni. Dodajte odrezak i marinadu i pržite 4 minute. Dodajte brokulu i pržite 3 minute. Dodajte juhu, zakuhajte, poklopite i kuhajte na laganoj vatri 5 minuta dok brokula ne postane mekana, ali i dalje hrskava. Preostalu kukuruznu krupicu pomiješajte s malo vode i umiješajte u umak. Kuhajte na laganoj vatri uz miješanje dok umak ne postane bistar i ne zgusne se.

Govedina sa sezamom i brokulom

za 4 osobe

150 g / 5 oz nemasne govedine, tanko narezane

2,5 ml / ½ žličice umaka od kamenica

5 ml / 1 žličica kukuruznog brašna (kukuruzni škrob)

5 ml / 1 žličica bijelog vinskog octa

60 ml / 4 žlice ulja od kikirikija

100 g cvjetića brokule

5 ml / 1 žličica ribljeg umaka

2,5 ml / ½ žličica soja umaka

250 ml / 8 tečnih oz / 1 šalica goveđe juhe

30 ml / 2 žlice sjemenki sezama

Marinirajte meso s umakom od kamenica, 2,5 ml / ½ žličice kukuruznog brašna, 2,5 ml / ½ žličice vinskog octa i 15 ml / 1 žlice ulja 1 sat.

U međuvremenu zagrijte 15 ml / 1 žličicu ulja, dodajte brokulu, 2,5 ml / ½ žličice ribljeg umaka, sojin umak i preostali vinski ocat te prelijte kipućom vodom. Kuhajte na laganoj vatri oko 10 minuta dok ne omekša.

U posebnoj posudi zagrijte 30 ml / 2 žlice ulja i kratko popržite meso dok ne porumeni. Dodajte juhu, ostatak kukuruzne krupice i riblji umak, zakuhajte, poklopite i kuhajte oko 10 minuta dok meso ne omekša. Brokulu ocijedite i stavite na ringlu. Po vrhu namažite meso i obilato pospite sezamom.

Meso s roštilja

za 4 osobe

450 g/1 lb nemasni odrezak, narezan
60 ml / 4 žlice soja umaka
2 češnja češnjaka, mljevena
5 ml / 1 žličica soli
2,5 ml / ¬Ω čajna žličica svježe mljevenog papra
10 ml / 2 žličice šećera

Pomiješajte sve sastojke i ostavite da odstoji 3 sata. Pecite ili pecite (pržite) na zagrijanom roštilju oko 5 minuta sa svake strane.

Kantonsko meso

za 4 osobe

30 ml / 2 žlice kukuruznog brašna (kukuruzni škrob)
2 tučena bjelanjka
450 g / 1 lb odreska, narezanog na trakice
ulje za prženje
4 stabljike celera, narezane na ploške
2 sitno nasjeckana luka
60 ml / 4 žlice vode
20 ml / 4 žličice soli
75 ml / 5 žlica soja umaka
60 ml / 4 žlice rižinog vina ili suhog šerija
30 ml / 2 žlice šećera

svježe mljeveni papar

Polovicu kukuruznog škroba pomiješajte s bjelanjkom. Dodajte odrezak i promiješajte da se meso prekrije tijestom. Zagrijte ulje i pržite biftek dok ne porumeni. Izvaditi iz posude i ocijediti na kuhinjskom papiru. Zagrijte 15 ml / 1 žlicu ulja i pržite celer i luk 3 minute. Dodajte meso, vodu, sol, soja umak, vino ili šeri i šećer, pa začinite paprom. Zakuhajte i uz miješanje kuhajte dok se umak ne zgusne.

Teletina sa mrkvom

za 4 osobe

30 ml / 2 žlice ulja od kikirikija
450 g/lb nemasne govedine, narezane na kockice
2 mlada luka, narezana na ploške
2 češnja češnjaka, mljevena
1 kriška korijena đumbira, mljevena
250 ml / 8 tečnih oz / 1 šalica soja umaka
30 ml / 2 žlice rižinog vina ili suhog šerija
30 ml / 2 žlice smeđeg šećera
5 ml / 1 žličica soli
600 ml / 1 pt / 2 Ω šalice vode
4 mrkve, dijagonalno izrezane

Zagrijte ulje i pržite meso dok lagano ne porumeni. Ocijedite od viška ulja pa dodajte mladi luk, češnjak, đumbir i anis koji ste pržili 2 minute. Dodajte soja umak, vino ili šeri, šećer i sol i dobro promiješajte. Dodajte vodu, zakuhajte, poklopite i kuhajte 1 sat. Dodajte mrkvu, poklopite i pirjajte još 30 minuta. Maknite poklopac i pirjajte dok umak ne nestane.

Govedina s indijskim oraščićima

za 4 osobe

60 ml / 4 žlice ulja od kikirikija

450 g / 1 lb pečenog odreska, tanko narezanog

8 mladog luka, narezanog na kockice

2 češnja češnjaka, mljevena

1 kriška korijena đumbira, mljevena

75 g / 3 oz / ¬œ šalice pečenih indijskih oraščića

120 ml / 4 fl oz / ¬Ω šalice vode

20 ml / 4 žličice kukuruznog brašna (kukuruzni škrob)

20 ml / 4 žličice soja umaka

5 ml / 1 žličica sezamovog ulja

5 ml / 1 žličica umaka od kamenica

5 ml / 1 žličica čili umaka

Zagrijte pola ulja i pržite meso dok lagano ne porumeni. Izvadite iz posude. Zagrijte preostalo ulje i na njemu pržite mladi luk, češnjak, đumbir i indijske oraščiće 1 minutu. Vratiti meso u tavu. Pomiješajte ostale sastojke i umiješajte smjesu u tepsiju. Zakuhajte i uz miješanje kuhajte dok se smjesa ne zgusne.

Tepsija od govedine u sporom kuhanju

za 4 osobe
30 ml / 2 žlice ulja od kikirikija
450 g / 1 lb pečenog mesa, narezanog na kockice
3 kriške korijena đumbira, mljevenog
3 narezane mrkve
1 repa narezana na kockice
15 ml/1 žlica zdrobljenih crnih datulja
15 ml / 1 žlica lotosovih sjemenki
30 ml / 2 žlice paste od rajčice (tjestenina)
10 ml / 2 žlice soli
900 ml / 1¬Ω pt / 3¬œ šalice goveđe juhe
250 ml / 8 tečnih oz / 1 šalica rižinog vina ili suhog šerija

Zagrijte ulje u velikoj tavi ili tavi za prženje i pržite meso dok ne porumeni sa svih strana.

Govedina s cvjetačom

za 4 osobe

225 g / 8 oz cvjetova cvjetače

ulje za prženje

225 g govedine, narezane na trakice

50 g izdanaka bambusa, narezanih na trakice

10 vodenih kestena narezanih na trakice

120 ml / 4 fl oz / ¬Ω šalice pileće juhe

15 ml / 1 žlica sojinog umaka

15 ml / 1 žlica umaka od kamenica

15 ml / 1 žlica paste od rajčice (tjestenina)

15 ml / 1 žlica kukuruznog brašna (kukuruzni škrob)

2,5 ml / ¬Ω žličica sezamovog ulja

Cvjetaču kuhajte u kipućoj vodi 2 minute, zatim ocijedite. Zagrijte ulje i pržite cvjetaču dok malo ne porumeni. Izvadite i ocijedite na kuhinjskom papiru. Zagrijte ulje i pržite meso dok lagano ne porumeni pa ga izvadite i ocijedite. Ulijte sve osim 15 ml/1 žlice ulja i pirjajte izdanke bambusa i vodene kestene 2 minute. Dodajte ostale sastojke, zakuhajte i uz miješanje kuhajte dok se umak ne zgusne. Meso i cvjetaču vratite u tavu i lagano zagrijte. Poslužite odmah.

Teletina sa celerom

za 4 osobe

100 g / 4 oz celera, narezanog na trakice
45 ml / 3 žlice ulja od kikirikija (kikiriki)
2 mlada luka (mladi luk), nasjeckana
1 kriška korijena đumbira, mljevena
225 g / 8 oz nemasne govedine, narezane na trakice
30 ml / 2 žlice soja umaka
30 ml / 2 žlice rižinog vina ili suhog šerija
2,5 ml / ¬Ω žličica šećera
2,5 ml / ¬Ω čajna žličica soli

Celer blanširajte u kipućoj vodi 1 minutu, zatim dobro ocijedite. Zagrijte ulje i popržite mladi luk i đumbir dok lagano ne porumene. Dodajte meso i pržite ga 4 minute. Dodajte celer i pržite 2 minute. Dodajte sojin umak, vino ili šeri, šećer i sol i pirjajte 3 minute.

Pečene ploške govedine s celerom

za 4 osobe

30 ml / 2 žlice ulja od kikirikija

450 g / 1 lb nemasne govedine, narezane na kriške

3 stabljike celera, naribane

1 glavica luka, naribana

1 mladi luk (kapula), narezan na ploške

1 kriška korijena đumbira, mljevena

30 ml / 2 žlice soja umaka

15 ml / 1 žlica rižinog vina ili suhog šerija

2,5 ml / ½ žličica šećera

2,5 ml / ½ čajna žličica soli

10 ml / 2 žličice kukuruznog brašna (kukuruzni škrob)

30 ml / 2 žlice vode

Jako zagrijte pola ulja i pržite meso 1 minutu. Izvadite iz posude. Zagrijte preostalo ulje i popržite celer, luk, mladi luk i đumbir dok malo ne omekšaju. Vratite meso u tavu sa sojinim umakom, vinom ili šerijem, šećerom i solju, pustite da prokuha i zapeče. Pomiješajte kukuruznu krupicu i vodu, umiješajte u tavu i pirjajte dok se umak ne zgusne. Poslužite odmah.

Rendana junetina s piletinom i celerom

za 4 osobe

4 sušene kineske gljive
45 ml / 3 žlice ulja od kikirikija (kikiriki)
2 češnja češnjaka, mljevena
1 narezani korijen đumbira, samljeven
5 ml / 1 žličica soli
100 g / 4 oz nemasne govedine, narezane na trakice
100 g piletine narezane na trakice
2 mrkve, narezane na trakice
2 stabljike celera narezane na trakice
4 mlada luka, narezana na trakice
5 ml / 1 žličica šećera
5 ml / 1 žličica soja umaka
5 ml / 1 žličica rižinog vina ili suhog šerija
45 ml / 3 žlice vode
5 ml / 1 žličica kukuruznog brašna (kukuruzni škrob)

Namočite gljive u toploj vodi 30 minuta, a zatim filtrirajte. Bacite peteljke i odrežite vrhove. Zagrijte ulje i popržite češnjak, đumbir i sol dok lagano ne porumene. Dodajte govedinu i piletinu i kuhajte dok tek ne počnu rumeniti. Dodajte celer, mladi luk, šećer, sojin umak, vino ili sherry i vodu te pustite da zavrije. Poklopite i pirjajte oko 15 minuta dok meso ne omekša. Kukuruzno brašno pomiješajte s malo vode, pomiješajte s umakom i pirjajte dok se umak ne zgusne.

Govedina s Čileom

za 4 osobe

450 g / 1 lb pečenice, narezane na trakice

45 ml / 3 žlice soja umaka

15 ml / 1 žlica rižinog vina ili suhog šerija

15 ml / 1 žlica smeđeg šećera

15 ml / 1 žlica sitno nasjeckanog korijena đumbira

30 ml / 2 žlice ulja od kikirikija

50 g izdanaka bambusa narezanih na štapiće

1 glavica luka narezana na trakice
1 štapić celera izrezan na štapiće šibica
2 crvena čilija, očišćena od sjemenki i narezana na trakice
120 ml / 4 fl oz / ¬Ω šalice pileće juhe
15 ml / 1 žlica kukuruznog brašna (kukuruzni škrob)

Odrezak stavite u zdjelu. Pomiješajte sojin umak, vino ili šeri, šećer i đumbir i umiješajte u odrezak. Ostavite da se marinira 1 sat. Odrezak izvadite iz marinade. Zagrijte polovicu ulja i pržite izdanke bambusa, luk, celer i čili 3 minute pa ih izvadite iz tave. Zagrijte preostalo ulje i pecite odrezak 3 minute. Dodati marinadu, prokuhati i dodati popršeno povrće. Kuhajte na laganoj vatri uz miješanje 2 minute. Pomiješajte juhu i kukuruznu krupicu i dodajte u tavu. Zakuhajte i kuhajte uz miješanje dok se umak ne izbistri i ne zgusne.

Goveđi kineski kupus

za 4 osobe

225 g / 8 oz nemasne govedine
30 ml / 2 žlice ulja od kikirikija
350 g / 12 oz bok choya, naribanog
120 ml / 4 fl oz / ¬Ω šalice goveđe juhe
sol i svježe mljeveni papar
10 ml / 2 žličice kukuruznog brašna (kukuruzni škrob)
30 ml / 2 žlice vode

Meso narežite na tanke ploške naspram zrna. Zagrijte ulje i pržite meso dok ne porumeni. Dodajte bok choy i pirjajte dok malo ne omekša. Dodajte juhu, prokuhajte, začinite solju i paprom. Poklopite i pirjajte 4 minute dok meso ne omekša. Pomiješajte kukuruzno brašno i vodu, umiješajte u tavu i miješajte dok se umak ne zgusne.

Goveđi odrezak Suey

za 4 osobe

3 stabljike celera narezane na ploške

100 g klica graha

100 g cvjetića brokule

60 ml / 4 žlice ulja od kikirikija

3 mlada luka, nasjeckana

2 češnja češnjaka, mljevena

1 kriška korijena đumbira, mljevena

225 g / 8 oz nemasne govedine, narezane na trakice

45 ml / 3 žlice soja umaka

15 ml / 1 žlica rižinog vina ili suhog šerija

5 ml / 1 žličica soli

2,5 ml / ¬Ω žličica šećera

svježe mljeveni papar

15 ml / 1 žlica kukuruznog brašna (kukuruzni škrob)

Celer, klice graha i brokulu blanširajte u kipućoj vodi 2 minute, zatim ocijedite i osušite. Zagrijte 45 ml / 3 žlice ulja i popržite mladi luk, češnjak i đumbir dok lagano ne porumene.

Dodajte meso i pržite ga 4 minute. Izvadite iz posude. Zagrijte preostalo ulje i pržite povrće 3 minute. Dodajte meso, sojin umak, vino ili sherry, sol, šećer i prstohvat papra te pržite 2 minute. Kukuruzno brašno pomiješajte s malo vode, umiješajte u tavu i uz miješanje pirjajte dok se umak ne izbistri i zgusne.

Teletina s krastavcima

za 4 osobe

450 g / 1 lb pečenog odreska, tanko narezanog
45 ml / 3 žlice soja umaka
30 ml / 2 žlice kukuruznog brašna (kukuruzni škrob)
60 ml / 4 žlice ulja od kikirikija
2 krastavca, oguljena, očišćena od jezgre i narezana na ploške
60 ml / 4 žlice pileće juhe
30 ml / 2 žlice rižinog vina ili suhog šerija
sol i svježe mljeveni papar

Odrezak stavite u zdjelu. Pomiješajte sojin umak i kukuruznu krupicu i dodajte odresku. Ostavite da se marinira 30 minuta.

Zagrijte pola ulja i pržite krastavac 3 minute dok ne postane proziran, a zatim ga izvadite iz tave. Zagrijte preostalo ulje i ispecite biftek da porumeni. Dodajte krastavac i pržite 2 minute. Dodajte juhu, vino ili šeri i začinite solju i paprom. Zakuhajte, poklopite i kuhajte 3 minute.

Goveđi Chow Mein

za 4 osobe
750 g / 1 ¬Ω lb goveđeg filea
2 luka
45 ml / 3 žlice soja umaka
45 ml / 3 žlice rižinog vina ili suhog šerija
15 ml / 1 žlica maslaca od kikirikija
5 ml / 1 žličica soka od limuna
350 g tjestenine od jaja
60 ml / 4 žlice ulja od kikirikija
175 ml / 6 tečnih oz / ¬œ šalice pileće juhe
15 ml / 1 žlica kukuruznog brašna (kukuruzni škrob)

30 ml / 2 žlice umaka od kamenica
4 mlada luka, nasjeckana
3 stabljike celera narezane na ploške
100 g gljiva, narezanih na ploške
1 zelena paprika narezana na trakice
100 g klica graha

Odrežite i uklonite masnoću s mesa. Narežite na tanke ploške po zrnu. Luk narežite na kolutove, slojeve odvojite. Pomiješajte 15 ml / 1 žlica sojinog umaka sa 15 ml / 1 žlicom vina ili šerija, maslacem od kikirikija i sokom od limuna. Dodajte meso, poklopite i ostavite da odstoji 1 sat. Kuhajte tjesteninu u kipućoj vodi oko 5 minuta ili dok ne omekša. Dobro ocijediti. Zagrijte 15 ml/1 žličicu ulja, dodajte 15 ml/1 žličicu sojinog umaka i tijesto i pržite 2 minute dok lagano ne porumeni. Stavite na ringlu.

Ostatak umaka od soje i vina ili šerija pomiješajte s juhom, kukuruznom brašnom i umakom od kamenica. Zagrijte 15 ml / 1 žlica ulja i pržite luk 1 minutu. Dodajte celer, gljive, papar i klice graha te pržite 2 minute. Izvadite iz woka. Zagrijte preostalo ulje i pržite meso dok ne porumeni. Dodajte mješavinu juhe, zakuhajte, poklopite i kuhajte 3 minute.

Vratite povrće u wok i uz miješanje pržite oko 4 minute dok se ne zagrije. Smjesu prelijte preko tjestenine i poslužite.

filet krastavca

za 4 osobe

450 g / 1 lb. pečenog odreska
10 ml / 2 žličice kukuruznog brašna (kukuruzni škrob)
10 ml / 2 žličice soli
2,5 ml / ¬Ω čajna žličica svježe mljevenog papra
90 ml / 6 žlica ulja od kikirikija (kikiriki)
1 glavica luka sitno nasjeckana
1 krastavac, oguljen i narezan na ploške
120 ml / 4 fl oz / ¬Ω šalice goveđe juhe

File narežite na trakice pa na tanke ploške u odnosu na oko. Stavite u zdjelu i dodajte kukuruzni škrob, sol, papar i pola ulja. Ostavite da se marinira 30 minuta. Zagrijte preostalo ulje i popržite meso i luk dok lagano ne porumene. Dodajte krastavac i juhu, zakuhajte, poklopite i kuhajte 5 minuta.

Curry pečena govedina

za 4 osobe

45 ml / 3 žlice maslaca

15 ml / 1 žlica curry praha

45 ml / 3 žlice glatkog brašna (za sve namjene)

375 ml / 13 tečnih oz / 1 Ω šalica mlijeka

15 ml / 1 žlica sojinog umaka

sol i svježe mljeveni papar

450 g / 1 lb kuhane govedine, mljevene

100 g graška

2 mrkve, sitno nasjeckane

2 sitno nasjeckana luka

225 g / 8 oz kuhane riže dugog zrna, vruće

1 tvrdo kuhano jaje (kuhano), narezano na ploške

Otopite maslac, dodajte curry prah i brašno te kuhajte 1 minutu. Dodajte mlijeko i sojin umak, zakuhajte i kuhajte 2 minute uz miješanje. Posolite i popaprite. Dodajte govedinu, grašak, mrkvu i luk i dobro promiješajte da se prekrije umakom. Dodati rižu, zatim smjesu prebaciti u lim za pečenje i peći u prethodno zagrijanoj pećnici na 200 ∞C / 400 ∞F / plinska oznaka 6 20 minuta, dok povrće ne omekša. Poslužite ukrašeno kriškama tvrdo kuhanog jaja.

šunka kuhana na pari

Poslužuje se od 6 do 8

900 g / 2 funte svježe šunke

30 ml / 2 žlice smeđeg šećera

60 ml / 4 žlice rižinog vina ili suhog šerija

Stavite šunku u vatrootpornu posudu na rešetku, poklopite i kuhajte na pari iznad kipuće vode oko 1 sat. Dodajte šećer i vino ili šeri u lonac, poklopite i pirjajte još 1 sat ili dok šunka ne bude kuhana. Ostavite da se ohladi u zdjeli prije rezanja.

Slanina sa kupusom

za 4 osobe

4 kriške slanine narezane na kockice i nasjeckane
2,5 ml / ½ žličice soli
1 kriška korijena đumbira, mljevena
½ kupusa, nasjeckanog
75 ml / 5 žlica pileće juhe
15 ml / 1 žlica umaka od kamenica

Slaninu popržite dok ne postane hrskava pa je izvadite iz tave. Dodajte sol i đumbir te pržite 2 minute. Dodajte kupus i dobro promiješajte, zatim dodajte slaninu i juhu, poklopite i pirjajte cca. 5 minuta dok kupus ne omekša, ali još uvijek bude lagano hrskav. Dodajte umak od kamenica, poklopite i pirjajte 1 minutu prije posluživanja.

Piletina s bademima

Za 4-6 porcija

375 ml / 13 tečnih oz / 1½ šalice pileće juhe

60 ml / 4 žlice rižinog vina ili suhog šerija

45 ml / 3 žlice kukuruznog brašna (kukuruzni škrob)

15 ml / 1 žlica sojinog umaka

4 pileća prsa

1 bjelanjak

2,5 ml / ½ žličice soli

ulje za prženje

75 g / 3 oz / ½ šalice blanširanih badema

1 velika mrkva, narezana na kockice

5 ml / 1 žličica naribanog korijena đumbira

6 mladog luka, narezanog na ploške

3 stabljike celera narezane na ploške

100 g gljiva, narezanih na ploške

100 g izdanaka bambusa, narezanih

U loncu pomiješajte juhu, pola vina ili šerija, 30 ml/2 žlice kukuruznog brašna i sojin umak. Pustite da zavrije uz miješanje pa kuhajte 5 minuta dok se smjesa ne zgusne. Maknite s vatre i držite na toplom.

Uklonite kožu i kosti s piletine i narežite je na komade od 1/1 inča. Umiješajte preostalo vino ili šeri i kukuruzni škrob, snijeg od bjelanjaka i sol, dodajte komade piletine i dobro promiješajte. Zagrijte ulje i pržite komade piletine jedan po jedan dok ne porumene oko 5 minuta. Dobro ocijediti. Izvadite sve iz tave osim 30 ml / 2 žlice ulja i pirjajte bademe 2 minute dok ne porumene. Dobro ocijediti. Dodajte mrkvu i đumbir u tavu i pržite 1 minutu. Dodajte ostatak povrća i pirjajte oko 3 minute, dok povrće ne omekša, ali još uvijek bude hrskavo. Vratite piletinu i bademe u tavu s umakom i miješajte na srednjoj vatri nekoliko minuta dok se ne zagriju.

Piletina s bademima i vodenim kestenom

za 4 osobe

6 suhih kineskih gljiva
4 komada piletine bez kostiju
100 g / 4 oz mljevenih badema
sol i svježe mljeveni papar
60 ml / 4 žlice ulja od kikirikija
100 g / 4 oz vodenih kestena, narezanih
75 ml / 5 žlica pileće juhe
30 ml / 2 žlice soja umaka

Namočite gljive u toploj vodi 30 minuta, a zatim filtrirajte. Bacite peteljke i odrežite vrhove. Pileća prsa narežite na tanke ploške. Bademe obilno posolite i popaprite, a kriške piletine pospite bademima. Zagrijte ulje i pržite piletinu dok lagano ne porumeni. Dodajte gljive, vodene kestene, juhu i sojin umak, zakuhajte, poklopite i pirjajte nekoliko minuta dok piletina ne omekša.

Piletina s bademima i povrćem

za 4 osobe

75 ml / 5 žlica ulja od kikirikija (kikiriki)
4 kriške nasjeckanog korijena đumbira
5 ml / 1 žličica soli
100 g / 4 oz bok choya, naribanog
50g izdanaka bambusa narezanih na kockice
50 g šampinjona nasjeckanih na kockice
2 stabljike celera, narezane na kockice
3 vodena kestena, narezana na kockice
120 ml / 4 fl oz / ½ šalice pileće juhe
225 g pilećih prsa narezanih na kockice
15 ml / 1 žlica rižinog vina ili suhog šerija
50 g graška (grašak)
100 g badema u listićima, prženih
10 ml / 2 žličice kukuruznog brašna (kukuruzni škrob)
15 ml / 1 žlica vode

Zagrijte pola ulja i pržite đumbir i sol 30 sekundi. Dodajte kupus, mladice bambusa, gljive, celer i vodene kestene te pržite 2 minute. Dodajte juhu, zakuhajte, poklopite i kuhajte 2 minute. Izvadite povrće i umak iz tave. Zagrijte preostalo ulje i pržite piletinu 1 minutu. Dodajte vino ili šeri i pirjajte 1 minutu. Vratite povrće u tavu sa snježnim graškom i bademima i pirjajte 30 sekundi. Pomiješajte kukuruznu krupicu i vodu dok ne postane pasta, pomiješajte s umakom i pirjajte uz miješanje dok se umak ne zgusne.

piletina od anisa

za 4 osobe

75 ml / 5 žlica ulja od kikirikija (kikiriki)
2 sitno nasjeckana luka
1 češanj mljevenog češnjaka
2 kriške nasjeckanog korijena đumbira
15 ml / 1 žlica višenamjenskog brašna
30 ml / 2 žlice curry praha
450 g/lb piletine, narezane na kockice
15 ml / 1 žlica šećera
30 ml / 2 žlice soja umaka
450 ml / ¾ pt / 2 šalice pileće juhe
2 češnja zvjezdastog anisa
225 g / 8 oz krumpira, narezanog na kockice

Zagrijte pola ulja i popržite luk dok lagano ne porumeni pa ga izvadite iz tave. Zagrijte preostalo ulje i pržite češnjak i đumbir 30 sekundi. Dodajte brašno i curry prah i kuhajte 2 minute. Vratiti luk u tavu, dodati piletinu i pržiti 3 minute. Dodajte šećer, sojin umak, juhu i sjemenke anisa, zakuhajte, poklopite i kuhajte 15 minuta. Dodajte krumpir, prokuhajte, poklopite i kuhajte još 20 minuta dok ne omekša.

Piletina s marelicama

za 4 osobe

4 komada piletine
sol i svježe mljeveni papar
prstohvat mljevenog đumbira
60 ml / 4 žlice ulja od kikirikija
225g/8oz konzerviranih marelica, prepolovljenih
300 ml / ½ pt / 1¼ šalice slatko-kiselog umaka
30 ml / 2 žlice listića badema, prženih

Začinite piletinu solju, paprom i đumbirom. Zagrijte ulje i pržite piletinu dok lagano ne porumeni. Poklopite i kuhajte oko 20 minuta dok ne omekša, povremeno okrećući. Ocijedite ulje. Dodajte marelice i umak u tavu, zakuhajte, poklopite i kuhajte oko 5 minuta ili dok se ne zagrije. Ukrasite nasjeckanim bademima.

Piletina sa šparogama

za 4 osobe

45 ml / 3 žlice ulja od kikirikija (kikiriki)
5 ml / 1 žličica soli
1 češanj češnjaka protisnuti
1 mladi luk (kapula), sitno nasjeckan
1 narezana pileća prsa
30 ml / 2 žlice umaka od crnog graha
350 g / 12 oz šparoga, narezanih na komade od 2,5 cm / 1
120 ml / 4 fl oz / ½ šalice pileće juhe
5 ml / 1 žličica šećera
15 ml / 1 žlica kukuruznog brašna (kukuruzni škrob)
45 ml / 3 žlice vode

Zagrijte pola ulja i popržite sol, češnjak i mladi luk dok lagano ne porumene. Dodajte piletinu i pržite dok ne postane svijetlo smeđa. Dodajte umak od crnog graha i promiješajte da obložite piletinu. Dodajte šparoge, juhu i šećer, zakuhajte, poklopite i kuhajte 5 minuta dok piletina ne omekša. Kukuruzno brašno i vodu pomiješajte u pastu, umiješajte u tavu i pirjajte uz miješanje dok se umak ne razbistri i zgusne.

Piletina s patlidžanom

za 4 osobe

225 g / 8 oz piletine, narezane na kriške

15 ml / 1 žlica sojinog umaka
15 ml / 1 žlica rižinog vina ili suhog šerija
15 ml / 1 žlica kukuruznog brašna (kukuruzni škrob)
1 patlidžan (patlidžan), oguljen i narezan na trakice
30 ml / 2 žlice ulja od kikirikija
2 sušena crvena čilija
2 češnja češnjaka, mljevena
75 ml / 5 žlica pileće juhe

Stavite piletinu u zdjelu. Pomiješajte sojin umak, vino ili šeri i kukuruzni škrob, dodajte piletini i ostavite da odstoji 30 minuta. Patlidžan blanširajte u kipućoj vodi 3 minute, zatim ga dobro ocijedite. Zagrijte ulje i popržite paprike dok ne potamne pa ih izvadite i bacite. Dodajte češnjak i piletinu i pržite dok lagano ne porumene. Dodajte juhu i patlidžan, zakuhajte, poklopite i kuhajte 3 minute uz povremeno miješanje.

Bacon Roller Chicken

Za 4-6 porcija

225 g / 8 oz piletine, narezane na kockice
30 ml / 2 žlice soja umaka
15 ml / 1 žlica rižinog vina ili suhog šerija
5 ml / 1 žličica šećera
5 ml / 1 žličica sezamovog ulja
sol i svježe mljeveni papar
225 g / 8 oz kriške slanine
1 jaje, lagano tučeno
100 g višenamjenskog brašna
ulje za prženje
4 rajčice, narezane na ploške

Pomiješajte piletinu sa soja umakom, vinom ili šerijem, šećerom, sezamovim uljem, soli i paprom. Pokrijte i marinirajte 1 sat, povremeno miješajući, zatim izvadite piletinu i bacite marinadu. Slaninu narežite na komadiće i zarolajte preko kockica piletine. Umutiti jaja sa brašnom u čvrstu pjenu, po potrebi dodati malo mlijeka. Umočite kockice u tijesto. Zagrijte ulje i pržite kockice dok ne porumene i prodinstaju se. Poslužite ukrašeno rajčicama.

Piletina s klicama graha

za 4 osobe

45 ml / 3 žlice ulja od kikirikija (kikiriki)
1 češanj češnjaka protisnuti
1 mladi luk (kapula), sitno nasjeckan
1 kriška korijena đumbira, mljevena
225 g pilećih prsa, narezanih na ploške
225 g klica graha
45 ml / 3 žlice soja umaka
15 ml / 1 žlica rižinog vina ili suhog šerija
5 ml / 1 žličica kukuruznog brašna (kukuruzni škrob)

Zagrijte ulje i popržite češnjak, mladi luk i đumbir dok lagano ne porumene. Dodajte piletinu i pržite 5 minuta. Dodajte klice graha i pržite 2 minute. Dodajte sojin umak, vino ili šeri i kukuruznu krupicu i pirjajte oko 3 minute dok piletina ne omekša.

Piletina s umakom od crnog graha

za 4 osobe
30 ml / 2 žlice ulja od kikirikija

5 ml / 1 žličica soli

30 ml / 2 žlice umaka od crnog graha

2 češnja češnjaka, mljevena

450 g/lb piletine, narezane na kockice

250 ml / 8 tečnih oz / 1 šalica temeljca

1 zelena paprika, narezana na kockice

1 sitno nasjeckani luk

15 ml / 1 žlica sojinog umaka

svježe mljeveni papar

15 ml / 1 žlica kukuruznog brašna (kukuruzni škrob)

45 ml / 3 žlice vode

Zagrijte ulje i pržite sol, crni grah i češnjak 30 sekundi. Dodajte piletinu i pržite dok lagano ne porumeni. Dodajte juhu, zakuhajte, poklopite i kuhajte 10 minuta. Dodajte papriku, luk, sojin umak i papriku, poklopite i pirjajte još 10 minuta. Pomiješajte kukuruznu krupicu i vodu u pastu, dodajte umak i pirjajte uz miješanje dok se umak ne zgusne i piletina ne omekša.

Piletina s brokulom

za 4 osobe

450 g / 1 lb piletine, narezane na kockice

225 g / 8 oz pileća jetrica
45 ml / 3 žlice glatkog brašna (za sve namjene)
45 ml / 3 žlice ulja od kikirikija (kikiriki)
1 glavica luka narezana na kockice
1 crvena paprika, narezana na kockice
1 zelena paprika, narezana na kockice
225 g / 8 oz cvjetova brokule
4 kriške ananasa, narezanog na kockice
30 ml / 2 žlice paste od rajčice (tjestenina)
30 ml / 2 žlice hoisin umaka
30 ml / 2 žlice meda
30 ml / 2 žlice soja umaka
300 ml / ½ pt / 1¼ šalice pileće juhe
10 ml / 2 žličice sezamovog ulja

Pileća jetrica i pileća jetrica umiješajte u brašno. Zagrijte ulje i pržite jetrice 5 minuta pa ih izvadite iz tave. Dodajte piletinu, poklopite i kuhajte na umjerenoj vatri 15 minuta uz povremeno miješanje. Dodajte povrće i ananas i pržite 8 minuta. Jetrica vratite u wok, dodajte ostale sastojke i prokuhajte. Kuhajte na laganoj vatri uz miješanje dok se umak ne zgusne.

Piletina sa kupusom i kikirikijem

za 4 osobe

45 ml / 3 žlice ulja od kikirikija (kikiriki)
30 ml / 2 žlice kikirikija
450 g/lb piletine, narezane na kockice
½ kupusa, narezanog na kockice
15 ml / 1 žlica umaka od crnog graha
2 crvena čilija, sitno nasjeckana
5 ml / 1 žličica soli

Zagrijte malo ulja i na njemu pržite kikiriki nekoliko minuta uz stalno miješanje. Izvadite ga, ocijedite i sameljite. Zagrijte preostalo ulje i popržite piletinu i kupus dok lagano ne porumene. Izvadite iz posude. Dodajte umak od crnog graha i čili i pržite 2 minute. Piletinu i kupus vratite u tavu sa mljevenim kikirikijem i posolite. Pirjajte dok se ne zagrije, a zatim odmah poslužite.

Piletina od indijskih oraha

za 4 osobe

30 ml / 2 žlice soja umaka
30 ml / 2 žlice kukuruznog brašna (kukuruzni škrob)

15 ml / 1 žlica rižinog vina ili suhog šerija
350 g / 12 oz piletine, narezane na kockice
45 ml / 3 žlice ulja od kikirikija (kikiriki)
2,5 ml / ½ žličice soli
2 češnja češnjaka, mljevena
225 g gljiva, narezanih na ploške
100 g / 4 oz vodenih kestena, narezanih
100 g izdanaka bambusa
50 g graška (grašak)
225 g / 8 oz / 2 šalice indijskih oraščića
300 ml / ½ pt / 1¼ šalice pileće juhe

Pomiješajte sojin umak, kukuruzni škrob i vino ili šeri, prelijte preko piletine, poklopite i marinirajte najmanje 1 sat. Zagrijte 30 ml / 2 žlice ulja sa soli i češnjakom i pržite dok češnjak lagano ne porumeni. Dodajte piletinu s marinadom i kuhajte 2 minute dok piletina lagano ne porumeni. Dodajte gljive, vodene kestene, mladice bambusa i grašak i pržite 2 minute. Za to vrijeme u posebnoj tavi zagrijte preostalo ulje i nekoliko minuta popržite indijske oraščiće dok ne porumene. Dodajte u tavu s juhom, zakuhajte, poklopite i kuhajte 5 minuta. Ako se umak nije dovoljno zgusnuo, dodajte žlicu kukuruzne krupice razmućene s vodom i miješajte dok se umak ne zgusne i postane proziran.

Piletina s kestenom

za 4 osobe

225 g / 8 oz piletine, narezane na kriške

5 ml / 1 žličica soli

15 ml / 1 žlica sojinog umaka
ulje za prženje
250 ml / 8 tečnih oz / 1 šalica pileće juhe
200 g / 7 oz vodenih kestena, nasjeckanih
225 g / 8 oz kestena, nasjeckanih
225 g šampinjona narezanih na četvrtine
15 ml / 1 žlica nasjeckanog svježeg peršina

Pospite piletinu solju i soja umakom i dobro utrljajte u piletinu. Zagrijte ulje i ispecite pileća prsa dok ne porumene, izvadite i ocijedite. Stavite piletinu u tavu s juhom, zakuhajte i kuhajte 5 minuta. Dodajte vodene kestene, kestene i gljive, poklopite i pirjajte oko 20 minuta, dok sve ne omekša. Poslužite ukrašeno peršinom.

Začinjena piletina

za 4 osobe

350g/1lb piletine, narezane na kockice
1 jaje, lagano tučeno
10 ml / 2 žličice soja umaka

2,5 ml / ½ žličice kukuruznog brašna (kukuruzni škrob)

ulje za prženje

1 zelena paprika, narezana na kockice

4 češnja češnjaka nasjeckana

2 crvena čilija, naribana

5 ml / 1 žličica svježe mljevenog papra

5 ml / 1 žličica vinskog octa

5 ml / 1 žličica vode

2,5 ml / ½ žličice šećera

2,5 ml / ½ žličice čili ulja

2,5 ml / ½ žličice sezamovog ulja

Pomiješajte piletinu s jajetom, polovicom soja umaka i kukuruznim škrobom, pa ostavite da odstoji 30 minuta. Zagrijte ulje i ispecite pileća prsa dok ne porumene pa ih dobro ocijedite. U tavu ulijte sve osim 15 ml/1 žličice ulja, dodajte papar, češnjak i čili i pržite 30 sekundi. Dodajte papar, vinski ocat, vodu i šećer te pirjajte 30 sekundi. Vratite piletinu u tavu i pirjajte nekoliko minuta dok ne omekša. Poslužite posuto čilijem i sezamovim uljem.

Pečena piletina s čilijem

za 4 osobe

225 g / 8 oz piletine, narezane na kriške

2,5 ml / ½ žličice soja umaka

2,5 ml / ½ žličice sezamovog ulja

2,5 ml / ½ žličice rižinog vina ili suhog šerija

5 ml / 1 žličica kukuruznog brašna (kukuruzni škrob)

Sol

45 ml / 3 žlice ulja od kikirikija (kikiriki)

100 g / 4 oz špinata

4 mlada luka, nasjeckana

2,5 ml / ½ žličice čilija u prahu

15 ml / 1 žlica vode

1 narezana rajčica

Pomiješajte piletinu sa sojinim umakom, sezamovim uljem, vinom ili šerijem, polovicom kukuruznog škroba i prstohvatom soli. Pustite da odstoji 30 minuta. Zagrijte 15 ml / 1 žlicu ulja i pržite piletinu dok lagano ne porumeni. Izvadite iz woka. Zagrijte 15 ml / 1 žlica ulja i pržite špinat dok ne omekša, a zatim ga izvadite iz woka. Zagrijte preostalo ulje i pržite mladi luk, čili u prahu, vodu i ostatak kukuruzne krupice 2 minute.

Dodajte piletinu i brzo popržite. Rasporedite špinat oko vrućeg tanjura, na njega stavite piletinu i poslužite ukrašeno rajčicama.

Piletina Suey

za 4 osobe

100 g kineskog lišća, naribanog
100 g izdanaka bambusa, narezanih na trakice
60 ml / 4 žlice ulja od kikirikija
3 mlada luka, narezana na ploške
2 češnja češnjaka, mljevena
1 kriška korijena đumbira, mljevena
225 g pilećih prsa narezanih na trakice
45 ml / 3 žlice soja umaka
15 ml / 1 žlica rižinog vina ili suhog šerija
5 ml / 1 žličica soli
2,5 ml / ½ žličice šećera
svježe mljeveni papar
15 ml / 1 žlica kukuruznog brašna (kukuruzni škrob)

Kinesko lišće i izdanke bambusa blanširajte u kipućoj vodi 2 minute. Ocijedite i osušite. Zagrijte 45 ml / 3 žlice ulja i popržite luk, češnjak i đumbir dok lagano ne porumene. Dodajte piletinu i pržite 4 minute. Izvadite iz posude. Zagrijte preostalo ulje i pržite povrće 3 minute. Dodajte piletinu, soja umak, vino ili sherry, sol, šećer i prstohvat papra te pirjajte 1 minutu. Kukuruznu krupicu pomiješajte s malo vode, umiješajte u umak i uz miješanje pirjajte dok se umak ne izbistri i ne zgusne.

chicken chow mein

za 4 osobe

30 ml / 2 žlice ulja od kikirikija

2 češnja češnjaka, mljevena

450 g/lb piletine, narezane na kriške

225 g izdanaka bambusa, narezanih na kriške

100 g / 4 oz celera, narezanog na ploške

225 g gljiva, narezanih na ploške

450 ml / ¾ pt / 2 šalice pileće juhe

225 g klica graha

4 glavice luka, izrezane na kolutove

30 ml / 2 žlice soja umaka

30 ml / 2 žlice kukuruznog brašna (kukuruzni škrob)

225 g / 8 oz suhih kineskih rezanaca

Zagrijte ulje s češnjakom dok malo ne smeđe, zatim dodajte piletinu i pržite dok blago ne smeđe 2 minute. Dodajte mladice bambusa, celer i gljive te pržite 3 minute. Dodajte veći dio juhe, zakuhajte, poklopite i kuhajte 8 minuta. Dodajte klice graha i luk te uz miješanje pržite 2 minute dok ne ostane malo juhe. Preostalu juhu pomiješajte sa sojinim umakom i kukuruznim škrobom. Umiješajte u tavu i pirjajte uz miješanje dok umak ne posvijetli i ne zgusne se.

U međuvremenu kuhajte tjesteninu nekoliko minuta u kipućoj slanoj vodi prema uputama na pakiranju. Dobro ocijedite, pomiješajte sa smjesom od piletine i odmah poslužite.

Hrskavo začinjena piletina

za 4 osobe

450 g / 1 lb piletine narezane na komade

30 ml / 2 žlice soja umaka

30 ml / 2 žlice umaka od šljiva

45 ml / 3 žlice ajvara od manga

1 češanj češnjaka protisnuti

2,5 ml / ½ žličice mljevenog đumbira

nekoliko kapi rakije

30 ml / 2 žlice kukuruznog brašna (kukuruzni škrob)

2 razmućena jaja

100 g / 4 oz / 1 šalica suhih krušnih mrvica

30 ml / 2 žlice ulja od kikirikija

6 mladog luka, nasjeckanog

1 crvena paprika, narezana na kockice

1 zelena paprika, narezana na kockice

30 ml / 2 žlice soja umaka

30 ml / 2 žlice meda

30 ml / 2 žlice vinskog octa

Stavite piletinu u zdjelu. Pomiješajte umake, ajvar, češnjak, đumbir i brendi, prelijte piletinu, poklopite i marinirajte 2 sata.

Piletinu ocijedite i pospite kukuruznom krupom. Premažite vrh jajetom, a zatim prezlama. Zagrijte ulje i pržite pileća prsa dok ne porumene. Izvadite iz posude. Dodati povrće i pržiti 4 minute pa izvaditi. Ocijedite ulje iz tave, pa vratite piletinu i povrće u tavu s ostalim sastojcima. Zakuhajte i zagrijte prije posluživanja.

Pečena piletina s krastavcima

za 4 osobe

225 g / 8 oz piletine

1 bjelanjak

2,5 ml / ½ žličice kukuruznog brašna (kukuruzni škrob)

Sol

½ krastavca

30 ml / 2 žlice ulja od kikirikija

100 g gljiva

50 g izdanaka bambusa, narezanih na trakice

50 g / 2 oz šunke, narezane na kockice

15 ml / 1 žlica vode

2,5 ml / ½ žličice soli

2,5 ml / ½ žličice rižinog vina ili suhog šerija

2,5 ml / ½ žličice sezamovog ulja

Pileća prsa narežite na ploške i narežite na ploške. Pomiješajte ga sa snijegom od bjelanjaka, kukuruznog škroba i soli te ostavite da odstoji. Krastavac uzdužno prepolovite i dijagonalno narežite na deblje ploške. Zagrijte ulje i ispecite piletinu dok lagano ne porumeni pa je izvadite iz tave. Dodajte krastavce i mladice bambusa i pržite 1 minutu. Vratite piletinu u tavu sa šunkom, vodom, soli i vinom ili šerijem. Pustite da zavrije i kuhajte dok piletina ne omekša. Poslužite poprskano sezamovim uljem.

pileći čili curry

za 4 osobe

120 ml / 4 fl oz / ½ šalice ulja od kikirikija (kikiriki)
4 komada piletine
1 sitno nasjeckani luk
5 ml / 1 žličica curry praha
5 ml / 1 žličica čili umaka
15 ml / 1 žlica rižinog vina ili suhog šerija
2,5 ml / ½ žličice soli
600 ml / 1 pt / 2½ šalice pileće juhe
15 ml / 1 žlica kukuruznog brašna (kukuruzni škrob)
45 ml / 3 žlice vode
5 ml / 1 žličica sezamovog ulja

Zagrijte ulje i pržite komade piletine dok ne porumene s obje strane, a zatim ih izvadite iz tave. Dodajte luk, curry prah i čili umak i pržite 1 minutu. Dodajte vino ili sherry i posolite, dobro promiješajte pa vratite piletinu u tavu i ponovno promiješajte. Dodajte juhu, zakuhajte i kuhajte oko 30 minuta dok piletina ne omekša. Ako se umak nije dovoljno reducirao, pomiješajte kukuruznu krupicu i vodu u pastu, dodajte malo u umak i pirjajte uz miješanje dok se umak ne zgusne. Poslužite poprskano sezamovim uljem.

Kineski pileći curry

za 4 osobe

45 ml / 3 žlice curry praha
1 sitno nasjeckani luk
350 g / 12 oz piletine, narezane na kockice
150 ml / ¼ pt / izdašne ½ šalice pileće juhe
5 ml / 1 žličica soli
10 ml / 2 žličice kukuruznog brašna (kukuruzni škrob)
15 ml / 1 žlica vode

Zagrijte curry prah i luk na suhoj tavi 2 minute, tresući tavu da prekrijete luk. Dodajte piletinu i miješajte dok se curry prah dobro ne prekrije. Dodajte juhu i sol, zakuhajte, poklopite i pirjajte oko 5 minuta dok piletina ne omekša. Pomiješajte kukuruznu krupicu i vodu dok ne postane pasta, umiješajte u tavu i pirjajte uz miješanje dok se umak ne zgusne.

brzi pileći curry

za 4 osobe

450 g / 1 lb pilećih prsa, narezanih na kockice
45 ml / 3 žlice rižinog vina ili suhog šerija
50 g kukuruznog brašna (kukuruznog)
1 bjelanjak
Sol
150 ml / ¼ pt / izdašne ½ šalice ulja od kikirikija (kikiriki)
15 ml / 1 žlica curry praha
10 ml / 2 žličice smeđeg šećera
150 ml / ¼ pt / izdašne ½ šalice pileće juhe

Umiješajte kockice piletine i sherry. Sačuvajte 10 ml / 2 žličice kukuruznog brašna. Istucite bjelanjke s ostatkom kukuruzne krupice i prstohvatom soli pa pomiješajte s piletinom dok se dobro ne prekrije. Zagrijte ulje i pržite piletinu dok ne porumeni. Izvadite iz tave i ocijedite sve osim 15 ml / 1 žlica ulja. Dodajte sačuvanu kukuruznu krupicu, curry prah i šećer te pržite 1 minutu. Dodajte juhu, zakuhajte i uz stalno miješanje kuhajte dok se umak ne zgusne. Vratite piletinu u tavu, promiješajte i zagrijte prije posluživanja.

Pileći curry s krumpirom

za 4 osobe

45 ml / 3 žlice ulja od kikirikija (kikiriki)

2,5 ml / ½ žličice soli

1 češanj češnjaka protisnuti

750 g piletine, narezane na kockice

225 g / 8 oz krumpira, narezanog na kockice

4 glavice luka, izrezane na kolutove

15 ml / 1 žlica curry praha

450 ml / ¾ pt / 2 šalice pileće juhe

225 g gljiva, narezanih na ploške

Zagrijte ulje sa soli i češnjakom, dodajte piletinu i pržite dok blago ne porumeni. Dodajte krumpir, luk i curry prah te pržite 2 minute. Dodajte juhu, zakuhajte, poklopite i kuhajte oko 20 minuta dok piletina ne omekša, povremeno miješajući. Dodajte gljive, maknite poklopac i pirjajte još 10 minuta dok tekućina ne ispari.

pržene pileće nogice

za 4 osobe

2 velika pileća buta bez kostiju

2 mlada luka (mladi luk)

1 kriška đumbira, istučena

120 ml / 4 fl oz / ½ šalice soja umaka

5 ml / 1 žličica rižinog vina ili suhog šerija

ulje za prženje

5 ml / 1 žličica sezamovog ulja

svježe mljeveni papar

Raširite piletinu i zaokružite je po cijeloj površini. 1 mladi luk istucite, a drugi nasjeckajte. Pomiješajte zdrobljeni mladi luk s đumbirom, soja umakom i vinom ili šerijem. Prelijte preko piletine i marinirajte 30 minuta. Izvadite i ocijedite. Stavite na tanjur iznad rešetke za kuhanje na pari i kuhajte na pari 20 minuta.

Zagrijte ulje i pržite piletinu dok ne porumeni oko 5 minuta. Izvadite iz posude, dobro ocijedite i narežite na deblje ploške, pa ploške stavite na vrući tanjur za posluživanje. Zagrijte sezamovo ulje, dodajte nasjeckani mladi luk i papriku, prelijte preko piletine i poslužite.

Pečena piletina s curry umakom

za 4 osobe

1 jaje, lagano tučeno

30 ml / 2 žlice kukuruznog brašna (kukuruzni škrob)

25 g / 1 oz / ¼ šalice višenamjenskog brašna

2,5 ml / ½ žličice soli

225 g / 8 oz piletine, narezane na kockice

ulje za prženje

30 ml / 2 žlice ulja od kikirikija

30 ml / 2 žlice curry praha

60 ml / 4 žlice rižinog vina ili suhog šerija

Tucite jaje s kukuruznim škrobom, brašnom i soli dok ne dobijete gustu smjesu. Prelijte preko piletine i dobro promiješajte da se prekrije. Zagrijte ulje i dobro ispecite pileća prsa dok ne porumene. U međuvremenu zagrijte ulje i pržite curry 1 minutu. Dodajte vino ili šeri i pustite da zavrije. Stavite piletinu na lim za pečenje i prelijte je curry umakom.

pijana kokoš

za 4 osobe

450 g / 1 lb pilećeg filea, narezanog na komade
60 ml / 4 žlice soja umaka
30 ml / 2 žlice hoisin umaka
30 ml / 2 žlice umaka od šljiva
30 ml / 2 žlice vinskog octa
2 češnja češnjaka, mljevena
prstohvat soli
nekoliko kapi čili ulja
2 bjelanjka
60 ml / 4 žlice kukuruznog brašna (kukuruzni škrob)
ulje za prženje
200 ml / ½ pt / 1¼ šalice rižinog vina ili suhog šerija

Stavite piletinu u zdjelu. Pomiješajte umake i vinski ocat, češnjak, sol i čili ulje, prelijte preko piletine i marinirajte u hladnjaku 4 sata. Bjelanjke istucite u čvrsti snijeg i dodajte kukuruzni škrob. Izvadite piletinu iz marinade i premažite smjesom od bjelanjaka. Zagrijte ulje i pržite piletinu dok ne porumeni. Dobro ocijedite na kuhinjskom papiru i stavite u zdjelu. Prelijte vinom ili šerijem, poklopite i ostavite u hladnjaku 12 sati. Piletinu izvadite iz vina i poslužite hladnu.

Slana piletina s jajima

za 4 osobe

30 ml / 2 žlice ulja od kikirikija

4 komada piletine

2 mlada luka (mladi luk), nasjeckana

1 češanj češnjaka protisnuti

1 kriška korijena đumbira, mljevena

175 ml / 6 fl oz / ¾ šalice soja umaka

30 ml / 2 žlice rižinog vina ili suhog šerija

30 ml / 2 žlice smeđeg šećera

5 ml / 1 žličica soli

375 ml / 13 fl oz / 1½ šalice vode

4 tvrdo kuhana jaja

15 ml / 1 žlica kukuruznog brašna (kukuruzni škrob)

Zagrijte ulje i pržite komade piletine dok ne porumene. Dodajte mladi luk, češnjak i đumbir te pržite 2 minute. Dodajte soja umak, vino ili šeri, šećer i sol i dobro promiješajte. Dodajte vodu, zakuhajte, poklopite i kuhajte 20 minuta. Dodajte tvrdo kuhana jaja, poklopite i kuhajte još 15 minuta. Kukuruznu krupicu pomiješajte s malo vode, umiješajte u umak i uz miješanje pirjajte dok se umak ne izbistri i ne zgusne.

rolat od kokošjih jaja

za 4 osobe

4 sušene kineske gljive
100 g piletine narezane na trakice
5 ml / 1 žličica kukuruznog brašna (kukuruzni škrob)
15 ml / 1 žlica sojinog umaka
2,5 ml / ½ žličice soli
2,5 ml / ½ žličice šećera
60 ml / 4 žlice ulja od kikirikija
225 g klica graha
3 mlada luka, nasjeckana
100 g / 4 oz špinata
12 rolada jaja koža
1 razmućeno jaje
ulje za prženje

Namočite gljive u toploj vodi 30 minuta, a zatim filtrirajte. Bacite peteljke i odrežite vrhove. Stavite piletinu u zdjelu. Kukuruzno brašno pomiješajte s 5 ml / 1 žličicom sojinog umaka, solju i šećerom te dodajte piletini. Pustite da odstoji 15 minuta. Zagrijte pola ulja i pržite piletinu dok lagano ne porumeni. Klice graha blanširajte u kipućoj vodi 3 minute, zatim procijedite. Zagrijte preostalo ulje i popržite mladi luk dok lagano ne porumeni. Dodajte gljive, klice graha, špinat i ostatak soja umaka. Dodajte piletinu i pržite 2 minute. Neka se ohladi. U sredinu svake kore stavite malo nadjeva, a rubove premažite razmućenim jajetom. Savijte sa strane, pa zarolajte rolice od jaja, rubove zalijepite jajetom. Zagrijte ulje,

Piletina kuhana na pari s jajetom

za 4 osobe

30 ml / 2 žlice ulja od kikirikija
4 filea pilećih prsa narezanih na trakice
1 crvena paprika narezana na trakice
1 zelena paprika narezana na trakice
45 ml / 3 žlice soja umaka
45 ml / 3 žlice rižinog vina ili suhog šerija
250 ml / 8 tečnih oz / 1 šalica pileće juhe
100 g ledene salate, nasjeckane
5 ml / 1 žličica smeđeg šećera
30 ml / 2 žlice hoisin umaka
sol papar
15 ml / 1 žlica kukuruznog brašna (kukuruzni škrob)
30 ml / 2 žlice vode
4 jaja
30 ml / 2 žlice šerija

Zagrijte ulje i pržite piletinu i papriku dok ne porumene. Dodajte sojin umak, vino ili šeri i temeljac, zakuhajte, poklopite i kuhajte 30 minuta. Dodajte salatu, šećer i umak od hoisina, a zatim začinite solju i paprom. Pomiješajte kukuruznu krupicu i vodu, pomiješajte s umakom i pustite da zavrije uz miješanje. Umutiti jaja sa šerijem i ispeći ih kao tanke tortilje. Posolite, popaprite i narežite na trakice. Staviti na ringlu i preliti preko piletine.

Dalekoistočna piletina

za 4 osobe

60 ml / 4 žlice ulja od kikirikija

450 g / 1 lb piletine narezane na komade

2 češnja češnjaka, mljevena

2,5 ml / ½ žličice soli

2 sitno nasjeckana luka

2 stabljike đumbira, nasjeckane

45 ml / 3 žlice soja umaka

30 ml / 2 žlice hoisin umaka

45 ml / 3 žlice rižinog vina ili suhog šerija

300 ml / ½ pt / 1¼ šalice pileće juhe

5 ml / 1 žličica svježe mljevenog papra

6 tvrdo kuhanih jaja nasjeckanih

15 ml / 1 žlica kukuruznog brašna (kukuruzni škrob)

15 ml / 1 žlica vode

Zagrijte ulje i pržite pileća prsa dok ne porumene. Dodajte češnjak, sol, luk i đumbir te pržite 2 minute. Dodajte sojin umak, hoisin umak, vino ili šeri, juhu i papar. Zakuhajte, poklopite i kuhajte 30 minuta. Dodajte jaja. Pomiješajte kukuruzno brašno i vodu, pa umiješajte u umak. Zakuhajte i uz miješanje kuhajte dok se umak ne zgusne.

Piletina Foo Yung

za 4 osobe

6 tučenih jaja
45 ml / 3 žlice kukuruznog brašna (kukuruzni škrob)
100 g gljiva, grubo nasjeckanih
225 g pilećih prsa narezanih na kockice
1 glavica luka sitno nasjeckana
5 ml / 1 žličica soli
45 ml / 3 žlice ulja od kikirikija (kikiriki)

Umutiti jaje, pa dodati kukuruznu krupicu. Dodajte sve ostale sastojke osim ulja. Zagrijte ulje. Smjesu malo po malo sipati u tepsiju da bude malo cca. Dobiti palačinke širine 7,5 cm. Pržite dok dno ne porumeni, zatim ga okrenite i ispecite i drugu stranu.

Šunka i piletina Foo Yung

za 4 osobe

6 tučenih jaja

45 ml / 3 žlice kukuruznog brašna (kukuruzni škrob)

100 g / 4 oz šunke, narezane na kockice

225 g pilećih prsa narezanih na kockice

3 mlada luka sitno nasjeckana

5 ml / 1 žličica soli

45 ml / 3 žlice ulja od kikirikija (kikiriki)

Umutiti jaje, pa dodati kukuruznu krupicu. Dodajte sve ostale sastojke osim ulja. Zagrijte ulje. Smjesu malo po malo sipati u tepsiju da bude malo cca. Dobiti palačinke širine 7,5 cm. Pržite dok dno ne porumeni, zatim ga okrenite i ispecite i drugu stranu.

Pečena piletina s đumbirom

za 4 osobe

1 pile, prerezano na pola
4 kriške mljevenog korijena đumbira
30 ml / 2 žlice rižinog vina ili suhog šerija
30 ml / 2 žlice soja umaka
5 ml / 1 žličica šećera
ulje za prženje

Stavite piletinu u plitku zdjelu. Pomiješajte đumbir, vino ili šeri, sojin umak i šećer, prelijte preko piletine i utrljajte u kožu. Ostavite da se marinira 1 sat. Zagrijte ulje i pržite piletinu pola-pola dok ne postane svijetlo smeđa. Izvadite iz ulja i pustite da se malo ohladi dok ponovno zagrijavate ulje. Vratite piletinu u tavu i pržite dok ne porumeni i skuha se. Dobro ocijedite prije posluživanja.

piletina s đumbirom

za 4 osobe

225 g piletine, tanko narezane
1 bjelanjak
prstohvat soli
2,5 ml / ½ žličice kukuruznog brašna (kukuruzni škrob)
15 ml / 1 žlica ulja od kikirikija
10 kriški korijena đumbira
6 gljiva, prepolovljenih
1 narezana mrkva
2 mlada luka, narezana na ploške
5 ml / 1 žličica rižinog vina ili suhog šerija
5 ml / 1 žličica vode
2,5 ml / ½ žličice sezamovog ulja

Piletinu pomiješajte s bjelanjcima, soli i kukuruznim škrobom. Zagrijte pola ulja i ispecite piletinu dok lagano ne porumeni pa je izvadite iz tave. Zagrijte preostalo ulje i na njemu pržite đumbir, gljive, mrkvu i mladi luk 3 minute. Vratite piletinu u tavu s vinom ili šerijem i vodom i pirjajte dok piletina ne omekša. Poslužite poprskano sezamovim uljem.

Piletina od đumbira s gljivama i kestenom

za 4 osobe

60 ml / 4 žlice ulja od kikirikija
225 g luka, narezanog na ploške
450 g / 1 lb piletine, narezane na kockice
100 g gljiva, narezanih na ploške
30 ml / 2 žlice višenamjenskog brašna
60 ml / 4 žlice soja umaka
10 ml / 2 žličice šećera
sol i svježe mljeveni papar
900 ml / 1½ pt / 3¾ šalice vruće vode
2 kriške nasjeckanog korijena đumbira
450 g / 1 lb vodenog kestena

Zagrijte pola ulja i pržite luk 3 minute pa izvadite iz tave. Zagrijte preostalo ulje i pržite piletinu dok lagano ne porumeni.

Dodajte gljive i kuhajte 2 minute. Smjesu pospite brašnom pa dodajte sojin umak, šećer, sol i papar. Prelijte vodom i đumbirom, lukom i kestenima. Zakuhajte, poklopite i kuhajte

20 minuta. Maknite poklopac i nastavite kuhati na laganoj vatri dok se umak ne reducira.

zlatno pile

za 4 osobe

8 malih komada piletine
300 ml / ½ pt / 1¼ šalice pileće juhe
45 ml / 3 žlice soja umaka
15 ml / 1 žlica rižinog vina ili suhog šerija
5 ml / 1 žličica šećera
1 narezani korijen đumbira, samljeven

Sve sastojke stavite u veliki lonac, zakuhajte, poklopite i kuhajte oko 30 minuta dok piletina ne omekša. Maknite poklopac i nastavite kuhati na laganoj vatri dok se umak ne reducira.

Marinirani pileći paprikaš Dorado

za 4 osobe

4 komada piletine

300 ml / ½ pt / 1 ¼ šalice soja umaka

ulje za prženje

4 mladog luka (kapulije) narezana na deblje ploške

1 kriška korijena đumbira, mljevena

2 crvena čilija, narezana na ploške

3 češnja zvjezdastog anisa

50 g izdanaka bambusa, narezanih

150 ml / 1 ½ pt / izdašne ½ šalice pileće juhe

30 ml / 2 žlice kukuruznog brašna (kukuruzni škrob)

60 ml / 4 žlice vode

5 ml / 1 žličica sezamovog ulja

Piletinu narežite na velike komade i marinirajte u sojinom umaku 10 minuta. Izvadite i ocijedite, a sojin umak ostavite. Zagrijte ulje i pržite piletinu oko 2 minute dok lagano ne porumeni. Izvadite i ocijedite. Ulijte 30 ml / 2 žlice ulja osim njega, zatim dodajte mladi luk, đumbir, čili i zvjezdasti anis te pržite 1 minutu. Vratite piletinu u tavu s mladicama bambusa i soja umakom i dodajte dovoljno juhe da prekrije piletinu. Pustite da zavrije i kuhajte oko 10 minuta dok piletina ne omekša. Piletinu izvadite iz umaka šupljikavom žlicom i stavite na topli tanjur. Umak procijedite i vratite u tavu. Pomiješajte kukuruzno brašno i vodu dok ne dobijete pastu,

Zlatni novčići

za 4 osobe

4 fileta pilećih prsa

30 ml / 2 žlice meda

30 ml / 2 žlice vinskog octa

30 ml / 2 žlice paradajz sosa (ketchup)

30 ml / 2 žlice soja umaka

prstohvat soli

2 češnja češnjaka, mljevena

5 ml / 1 žličica praha pet začina

45 ml / 3 žlice glatkog brašna (za sve namjene)

2 razmućena jaja

5 ml / 1 žličica naribanog korijena đumbira

5 ml / 1 žličica naribane kore limuna

100 g / 4 oz / 1 šalica suhih krušnih mrvica

ulje za prženje

Stavite piletinu u zdjelu. Pomiješajte med, vinski ocat, kečap, sojin umak, sol, češnjak i pet začina u prahu. Prelijte preko piletine, dobro promiješajte, poklopite i marinirajte u hladnjaku 12 sati.

Pileća prsa izvadite iz marinade i narežite na deblje trakice. Pospite brasnom. Istucite jaja, đumbir i koricu limuna. Premažite piletinu smjesom, a zatim krušnim mrvicama dok se ne ujednači. Zagrijte ulje i pržite pileća prsa dok ne porumene.

Piletina kuhana na pari sa šunkom

za 4 osobe

4 porcije piletine
100 g / 4 oz dimljene šunke, nasjeckane
3 mlada luka, nasjeckana
15 ml / 1 žlica ulja od kikirikija
sol i svježe mljeveni papar
15 ml / 1 žlica pljosnatog peršina

Komade piletine narežite na komade veličine 5/1 cm i stavite u vatrostalnu zdjelu sa šunkom i mladim lukom. Pospite uljem, posolite i popaprite pa pažljivo promiješajte sastojke. Zdjelu stavite na rešetku kuhala na pari, poklopite i kuhajte na pari iznad kipuće vode oko 40 minuta, dok piletina ne omekša. Poslužite ukrašeno peršinom.

Piletina s Hoisin umakom

za 4 osobe

4 pileće trake, prerezane na pola
50 g / 2 oz / ½ šalice kukuruznog brašna (maizena)
ulje za prženje
10 ml / 2 žličice naribanog korijena đumbira
2 sitno nasjeckana luka
225 g / 8 oz cvjetova brokule
1 crvena paprika, nasjeckana
225 g / 8 oz gljiva
250 ml / 8 tečnih oz / 1 šalica pileće juhe
45 ml / 3 žlice rižinog vina ili suhog šerija
45 ml / 3 žlice jabučnog octa
45 ml / 3 žlice hoisin umaka
20 ml / 4 žličice soja umaka

Polovicom kukuruzne krupice premažite komade piletine. Zagrijte ulje i pržite komade piletine jedan po jedan oko 8 minuta dok ne porumene i budu pečeni. Izvaditi iz posude i ocijediti na kuhinjskom papiru. Uklonite sve osim 30 ml / 2 žlice ulja iz tave i pržite đumbir 1 minutu. Dodajte luk i pržite 1 minutu. Dodajte brokulu, papar i gljive te pirjajte 2 minute.

Pomiješajte juhu sa sačuvanim kukuruznim brašnom i preostalim sastojcima i dodajte u tavu. Zakuhajte uz miješanje i kuhajte dok umak ne postane bistar. Vratite piletinu u wok i kuhajte, miješajući, dok se ne zagrije, oko 3 minute.

medeno pile

za 4 osobe

30 ml / 2 žlice ulja od kikirikija

4 komada piletine

30 ml / 2 žlice soja umaka

120 ml / 4 fl oz / ½ šalice rižinog vina ili suhog šerija

30 ml / 2 žlice meda

5 ml / 1 žličica soli

1 mladi luk (kapula), sitno nasjeckan

1 kriška korijena đumbira, sitno nasjeckanog

Zagrijte ulje i pržite pileća prsa sa svih strana dok ne porumene. Odlijte višak ulja. Ostale sastojke pomiješajte i istresite u tepsiju. Zakuhajte, poklopite i kuhajte oko 40 minuta dok piletina ne omekša.

Kung pao piletina

za 4 osobe

450 g/lb piletine, narezane na kockice
1 bjelanjak
5 ml / 1 žličica soli
30 ml / 2 žlice kukuruznog brašna (kukuruzni škrob)
60 ml / 4 žlice ulja od kikirikija
25 g sušenog crvenog čilija, nasjeckanog
5 ml / 1 žličica nasjeckanog češnjaka
15 ml / 1 žlica sojinog umaka
15 ml / 1 žlica rižinog vina ili suhog šerija 5 ml / 1 žličica šećera
5 ml / 1 žličica vinskog octa
5 ml / 1 žličica sezamovog ulja
30 ml / 2 žlice vode

Stavite piletinu u zdjelu s bjelanjcima, soli i polovicom kukuruznog škroba i ostavite da se marinira 30 minuta. Zagrijte ulje i ispecite piletinu dok lagano ne porumeni pa je izvadite iz tave. Zagrijte ulje i pržite papriku i češnjak 2 minute. Vratite piletinu u tavu sa soja umakom, vinom ili šerijem, šećerom, vinskim octom i sezamovim uljem i pirjajte

2 minute. Preostalo kukuruzno brašno pomiješajte s vodom, umiješajte u tavu i pirjajte uz miješanje dok umak ne postane bistar i gust.

Piletina s porilukom

za 4 osobe

30 ml / 2 žlice ulja od kikirikija
5 ml / 1 žličica soli
225 g / 8 oz poriluka, narezanog na ploške
1 kriška korijena đumbira, mljevena
225 g piletine, tanko narezane
15 ml / 1 žlica rižinog vina ili suhog šerija
15 ml / 1 žlica sojinog umaka

Zagrijte pola ulja, popržite sol i poriluk dok ne porumene, pa izvadite iz tave. Zagrijte preostalo ulje i pržite đumbir i piletinu dok lagano ne porumene. Dodajte vino ili šeri i sojin umak i pirjajte još 2 minute dok piletina ne omekša. Vratite poriluk u tavu i miješajte dok se ne zagrije. Poslužite odmah.

Piletina s limunom

za 4 osobe

4 pileća prsa bez kostiju

2 jaja

50 g / 2 oz / ½ šalice kukuruznog brašna (maizena)

50 g / 2 oz / ½ šalice višenamjenskog brašna

150 ml / ¼ pt / izdašne ½ šalice vode

ulje od kikirikija za prženje

250 ml / 8 tečnih oz / 1 šalica pileće juhe

60 ml / 5 žlica limunovog soka

30 ml / 2 žlice rižinog vina ili suhog šerija

30 ml / 2 žlice kukuruznog brašna (kukuruzni škrob)

30 ml / 2 žlice paste od rajčice (tjestenina)

1 salata

Svaka pileća prsa prerežite na 4 dijela. Umutiti jaje, kukuruzni škrob i višenamjensko brašno, dodati toliko vode da bude gusto tijesto. Stavite komade piletine u smjesu i miješajte dok se dobro ne prekriju. Zagrijte ulje i dobro ispecite pileća prsa dok ne porumene.

U međuvremenu pomiješajte juhu, limunov sok, vino ili šeri, kukuruzni škrob i pastu od rajčice i pažljivo miješajući pustite da zavrije. Kuhajte na laganoj vatri uz stalno miješanje dok se umak ne zgusne i postane proziran. Piletinu stavite na vrući tanjur za posluživanje na podlogu od zelene salate i prelijte umakom ili poslužite zasebno.

Piletinu s limunom propirjajte

za 4 osobe

450 g/lb piletine bez kostiju, narezane na kriške
30 ml / 2 žlice soka od limuna
15 ml / 1 žlica sojinog umaka
15 ml / 1 žlica rižinog vina ili suhog šerija
30 ml / 2 žlice kukuruznog brašna (kukuruzni škrob)
30 ml / 2 žlice ulja od kikirikija
2,5 ml / ½ žličice soli
2 češnja češnjaka, mljevena
50 g vodenog kestena narezanog na trakice
50 g izdanaka bambusa, narezanih na trakice
Kineski listovi, izrezani na trakice
60 ml / 4 žlice pileće juhe
15 ml / 1 žlica paste od rajčice (tjestenina)
15 ml / 1 žlica šećera
15 ml / 1 žlica soka od limuna

Stavite piletinu u zdjelu. Pomiješajte limunov sok, sojin umak, vino ili šeri i 15 ml / 1 žlica kukuruznog brašna, prelijte preko piletine i marinirajte 1 sat, povremeno okrećući.

Zagrijte ulje, sol i češnjak dok se češnjak lagano ne zapeče, zatim dodajte piletinu i marinadu i kuhajte oko 5 minuta dok piletina lagano ne porumeni. Dodajte vodene kestene, mladice bambusa i kinesko lišće i kuhajte još 3 minute ili dok piletina ne omekša. Dodajte ostale sastojke i pirjajte oko 3 minute, dok umak ne postane svijetli i gust.

Pileća jetrica s mladicama bambusa

za 4 osobe

225 g / 8 oz pileća jetrica, debelo narezana
45 ml / 3 žlice rižinog vina ili suhog šerija
45 ml / 3 žlice ulja od kikirikija (kikiriki)
15 ml / 1 žlica sojinog umaka
100 g izdanaka bambusa, narezanih
100 g / 4 oz vodenih kestena, narezanih
60 ml / 4 žlice pileće juhe
sol i svježe mljeveni papar

Pileću jetricu pomiješajte s vinom ili šerijem i ostavite da odstoji 30 minuta. Zagrijte ulje i popržite pileću jetricu dok lagano ne porumene. Dodajte marinadu, sojin umak, izdanke bambusa, vodene kestene i juhu. Prokuhajte i začinite solju i paprom. Poklopite i pirjajte oko 10 minuta dok ne omekša.

pržena pileća jetrica

za 4 osobe

450g/1lb pileće jetrice, prerezane na pola
50 g / 2 oz / ½ šalice kukuruznog brašna (maizena)
ulje za prženje

Osušite pileća jetrica pa ih pospite kukuruznim brašnom i otresite višak. Zagrijte ulje i pecite pileću jetricu nekoliko minuta dok ne porumene i zapeku. Prije posluživanja ocijedite na kuhinjskom papiru.

Pileća jetrica s mangetoutom

za 4 osobe

225 g / 8 oz pileća jetrica, debelo narezana
10 ml / 2 žličice kukuruznog brašna (kukuruzni škrob)
10 ml / 2 žličice rižinog vina ili suhog šerija
15 ml / 1 žlica sojinog umaka
45 ml / 3 žlice ulja od kikirikija (kikiriki)
2,5 ml / ½ žličice soli
2 kriške nasjeckanog korijena đumbira
100 g graška šećera
10 ml / 2 žličice kukuruznog brašna (kukuruzni škrob)
60 ml / 4 žlice vode

Stavite pileća jetrica u zdjelu. Dodajte kukuruzno brašno, vino ili šeri i sojin umak i dobro promiješajte da se prekrije. Zagrijte pola ulja i popržite sol i đumbir dok lagano ne porumene. Dodajte slatki grašak i pržite dok se ulje dobro ne prekrije, a zatim izvadite iz tave. Zagrijte preostalo ulje i dobro popržite pileću jetricu 5 minuta. Kukuruzno brašno i vodu pomiješajte u pastu, umiješajte u tavu i pirjajte uz miješanje dok se umak ne razbistri i zgusne. Vratite mangetout u tavu i pirjajte dok se ne zagrije.

Tjestenina od pileće jetrice s palačinkama

za 4 osobe

30 ml / 2 žlice ulja od kikirikija
1 sitno nasjeckani luk
450g/1lb pileće jetrice, prerezane na pola
2 stabljike celera, narezane na ploške
120 ml / 4 fl oz / ½ šalice pileće juhe
15 ml / 1 žlica kukuruznog brašna (kukuruzni škrob)
15 ml / 1 žlica sojinog umaka
30 ml / 2 žlice vode
palačinke od tijesta

Zagrijte ulje i pirjajte luk dok ne omekša. Dodati pileća jetrica i pržiti dok ne dobiju boju. Dodajte celer i pržite 1 minutu. Dodajte juhu, zakuhajte, poklopite i kuhajte 5 minuta. Pomiješajte kukuruzno brašno, sojin umak i vodu dok ne postane pasta, umiješajte u tavu i pirjajte uz miješanje dok se umak ne izbistri i zgusne. Smjesu prelijte preko tijesta za palačinke i poslužite.

Pileća jetrica s umakom od kamenica

za 4 osobe

45 ml / 3 žlice ulja od kikirikija (kikiriki)
1 sitno nasjeckani luk
225 g / 8 oz pilećih jetrica, prerezanih na pola
100 g gljiva, narezanih na ploške
30 ml / 2 žlice umaka od kamenica
15 ml / 1 žlica sojinog umaka
15 ml / 1 žlica rižinog vina ili suhog šerija
120 ml / 4 fl oz / ½ šalice pileće juhe
5 ml / 1 žličica šećera
15 ml / 1 žlica kukuruznog brašna (kukuruzni škrob)
45 ml / 3 žlice vode

Zagrijte pola ulja i pirjajte luk dok ne omekša. Dodajte pileću jetricu i pržite dok ne porumeni. Dodajte gljive i pržite 2 minute. Pomiješajte umak od kamenica, umak od soje, vino ili šeri, juhu i šećer, ulijte u tavu i uz miješanje pustite da zavrije. Pomiješajte kukuruzno brašno i vodu u pastu, dodajte u tavu i pirjajte uz miješanje dok umak ne postane svijetli i gust, a jetra mekana.

Pileća jetrica s ananasom

za 4 osobe
225 g / 8 oz pilećih jetrica, prerezanih na pola

45 ml / 3 žlice ulja od kikirikija (kikiriki)
30 ml / 2 žlice soja umaka
15 ml / 1 žlica kukuruznog brašna (kukuruzni škrob)
15 ml / 1 žlica šećera
15 ml / 1 žlica vinskog octa
sol i svježe mljeveni papar
100 g / 4 oz ananasa u komadima
60 ml / 4 žlice pileće juhe

Pileća jetrica blanširajte u kipućoj vodi 30 sekundi, zatim ocijedite. Zagrijte ulje i pržite pileću jetricu 30 sekundi. Pomiješajte sojin umak, kukuruznu krupicu, šećer, vinski ocat, sol i papar, ulijte u tavu i dobro promiješajte da obložite pileća jetrica. Dodajte komadiće ananasa i juhu i pirjajte oko 3 minute dok jetra ne omekša.

Slatko-kisela pileća jetrica

za 4 osobe

30 ml / 2 žlice ulja od kikirikija

450g/1lb pilećih jetrica, na četvrtine

2 zelene paprike, narezane na kockice

4 kriške ananasa iz konzerve, narezati na kockice

60 ml / 4 žlice pileće juhe

30 ml / 2 žlice kukuruznog brašna (kukuruzni škrob)

10 ml / 2 žličice soja umaka

100 g / 4 oz / ½ šalice šećera

120 ml / 4 fl oz / ½ šalice vinskog octa

120 ml / 4 fl oz / ½ šalice vode

Zagrijte ulje i popržite jetrice dok malo ne porumene pa ih stavite na topli tanjur. U tavu dodajte paprike i pržite ih 3 minute. Dodajte ananas i juhu, zakuhajte, poklopite i kuhajte 15 minuta. Ostatak sastojaka pomiješajte u pastu, pomiješajte u tavi i pirjajte uz miješanje dok se umak ne zgusne. Prelijte preko pilećih jetrica i poslužite.

Piletina s ličijem

za 4 osobe

3 pileća prsa

60 ml / 4 žlice kukuruznog brašna (kukuruzni škrob)

45 ml / 3 žlice ulja od kikirikija (kikiriki)

5 mladog luka, narezanog na ploške
1 crvena paprika, narezana na kockice
120 ml / 4 fl oz / ½ šalice umaka od rajčice
120 ml / 4 fl oz / ½ šalice pileće juhe
5 ml / 1 žličica šećera
275 g / 10 oz oguljenih ličija

Pileća prsa prerežite na pola, izvadite i bacite kosti i kožu. Svaku prsu izrežite na 6 dijelova. Sačuvajte 5 ml / 1 žličicu kukuruznog brašna i ubacite piletinu u ostatak dok se dobro ne obloži. Zagrijte ulje i pržite piletinu dok ne porumeni oko 8 minuta. Dodajte mladi luk i papriku i pržite 1 minutu. Pomiješajte umak od rajčice, pola juhe i šećer, pa pomiješajte s ličijem u woku. Zakuhajte, poklopite i kuhajte oko 10 minuta dok piletina ne omekša. Umiješajte sačuvano kukuruzno brašno i juhu, a zatim umiješajte u tavu. Kuhajte na laganoj vatri uz miješanje dok se umak ne izbistri i ne zgusne.

Piletina s liči umakom

za 4 osobe
225 g / 8 oz piletine
1 mladi luk (mladi luk)
4 vodena kestena

30 ml / 2 žlice kukuruznog brašna (kukuruzni škrob)
45 ml / 3 žlice soja umaka
30 ml / 2 žlice rižinog vina ili suhog šerija
2 bjelanjka
ulje za prženje
Limenka od 400 g / 14 oz u sirupu od ličija
5 žlica pileće juhe

Piletinu s mladim lukom i vodenim kestenom naribati (samljeti). Pomiješajte pola kukuruznog škroba, 30 ml / 2 žlice soja umaka, vino ili šeri i bjelanjak. Od smjese oblikujte kuglice veličine oraha. Zagrijte ulje i pržite pileća prsa dok ne porumene. Ocijediti na papirnatom ručniku.

U međuvremenu pažljivo zagrijte sirup od ličija s juhom i sojinim umakom. Preostalu kukuruznu krupicu pomiješajte s malo vode, stavite u tavu i pirjajte uz miješanje dok se umak ne izbistri i zgusne. Dodajte liči i pustite da zavrije na laganoj vatri. Na zagrijani tanjur stavite pileća prsa, prelijte ličijem i umakom te odmah poslužite.

Piletina s mangetoutom

za 4 osobe

225 g piletine, tanko narezane
5 ml / 1 žličica kukuruznog brašna (kukuruzni škrob)
5 ml / 1 žličica rižinog vina ili suhog šerija
5 ml / 1 žličica sezamovog ulja
1 bjelanjak, lagano tučen
45 ml / 3 žlice ulja od kikirikija (kikiriki)
1 češanj češnjaka protisnuti
1 kriška korijena đumbira, mljevena
100 g graška šećera
120 ml / 4 fl oz / ½ šalice pileće juhe
sol i svježe mljeveni papar

Pomiješajte piletinu s kukuruznim škrobom, vinom ili šerijem, sezamovim uljem i bjelanjkom. Zagrijte pola ulja i popržite češnjak i đumbir dok blago ne porumene. Dodati piletinu i pržiti dok ne porumeni pa izvaditi iz tave. Zagrijte preostalo ulje i na njemu pržite slatki grašak 2 minute. Dodajte juhu, zakuhajte, poklopite i kuhajte 2 minute. Vratite piletinu u tavu i začinite solju i paprom. Kuhajte na laganoj vatri dok se ne zagrije.

Piletina s mangom

za 4 osobe

100 g / 4 oz / 1 šalica višenamjenskog brašna

250 ml / 8 tečnih oz / 1 šalica vode

2,5 ml / ½ žličice soli

prstohvat praška za pecivo

3 pileća prsa

ulje za prženje

1 kriška korijena đumbira, mljevena

150 ml / ¼ pt / izdašne ½ šalice pileće juhe

45 ml / 3 žlice vinskog octa

45 ml / 3 žlice rižinog vina ili suhog šerija

20 ml / 4 žličice soja umaka

10 ml / 2 žličice šećera

10 ml / 2 žličice kukuruznog brašna (kukuruzni škrob)

5 ml / 1 žličica sezamovog ulja

5 mladog luka, narezanog na ploške

400 g manga iz konzerve, ocijeđenog i narezanog na trakice

Pomiješajte brašno, vodu, sol i prašak za pecivo. Pustite da odstoji 15 minuta. Uklonite i bacite kožu i kosti s piletine. Piletinu narežite na tanke trakice. Pomiješajte ih sa smjesom od brašna. Zagrijte ulje i pržite piletinu dok ne porumeni oko 5 minuta. Izvaditi iz posude i ocijediti na kuhinjskom papiru. Uklonite sve osim 15 ml/1 žlice ulja iz woka i pržite đumbir dok lagano ne porumeni. Pomiješajte juhu s vinom, vinskim ili sherry octom, sojinim umakom, šećerom, kukuruznim brašnom i sezamovim uljem. Stavite u šerpu i uz miješanje zakuhajte. Dodajte mladi luk i pirjajte 3 minute. Dodajte piletinu i mango i pržite uz miješanje 2 minute.

Dinja punjena piletinom

za 4 osobe

350 g / 12 oz piletine
6 vodenih kestena
2 jakobove kapice u ljusci
4 kriške korijena đumbira
5 ml / 1 žličica soli
15 ml / 1 žlica sojinog umaka
600 ml / 1 pt / 2½ šalice pileće juhe
8 malih ili 4 srednje dinje

Nasjeckajte piletinu, kestene, jakobove kapice i đumbir na male komadiće i pomiješajte sa soli, soja umakom i juhom. Odrežite vrh dinje, izdubite sjemenke. Ispilite gornje rubove. Napunite dinje smjesom od piletine i stavite ih na rešetku u kuhalu na pari. Kuhajte u kipućoj vodi 40 minuta dok piletina ne omekša.

Pečena piletina i gljive

za 4 osobe

45 ml / 3 žlice ulja od kikirikija (kikiriki)
1 češanj češnjaka protisnuti
1 mladi luk (kapula), sitno nasjeckan
1 kriška korijena đumbira, mljevena
225 g pilećih prsa, narezanih na ploške
225 g / 8 oz gljiva
45 ml / 3 žlice soja umaka
15 ml / 1 žlica rižinog vina ili suhog šerija
5 ml / 1 žličica kukuruznog brašna (kukuruzni škrob)

Zagrijte ulje i popržite češnjak, mladi luk i đumbir dok lagano ne porumene. Dodajte piletinu i pržite 5 minuta. Dodajte gljive i pržite ih 3 minute. Dodajte sojin umak, vino ili šeri i kukuruznu krupicu i pirjajte oko 5 minuta dok piletina ne omekša.

Piletina sa gljivama i kikirikijem

za 4 osobe

30 ml / 2 žlice ulja od kikirikija

2 češnja češnjaka, mljevena

1 kriška korijena đumbira, mljevena

450 g/lb piletine bez kostiju, narezane na kockice

225 g / 8 oz gljiva

100 g izdanaka bambusa, narezanih na trakice

1 zelena paprika, narezana na kockice

1 crvena paprika narezana na kockice

250 ml / 8 tečnih oz / 1 šalica pileće juhe

30 ml / 2 žlice rižinog vina ili suhog šerija

15 ml / 1 žlica sojinog umaka

15 ml / 1 žlica Tabasco umaka

30 ml / 2 žlice kukuruznog brašna (kukuruzni škrob)

30 ml / 2 žlice vode

Zagrijte ulje, češnjak i đumbir dok češnjak lagano ne porumeni. Dodajte piletinu i pržite dok lagano ne porumeni. Dodajte gljive, mladice bambusa i papriku te pržite 3 minute. Dodajte juhu, vino ili šeri, sojin umak i tabasco umak i pustite da zavrije, miješajući. Poklopite i pirjajte oko 10 minuta dok piletina ne omekša. Pomiješajte kukuruznu krupicu i vodu, pa pomiješajte s umakom. Kuhajte uz miješanje dok se umak ne izbistri i zgusne, ako je umak pregust dodajte još malo juhe ili vode.

Pečena piletina sa gljivama

za 4 osobe

6 suhih kineskih gljiva
1 pileća prsa, tanko narezana
1 kriška korijena đumbira, mljevena
2 mlada luka (mladi luk), nasjeckana
15 ml / 1 žlica kukuruznog brašna (kukuruzni škrob)
15 ml / 1 žlica rižinog vina ili suhog šerija
30 ml / 2 žlice vode
2,5 ml / ½ žličice soli
45 ml / 3 žlice ulja od kikirikija (kikiriki)
225 g gljiva, narezanih na ploške
100 g klica graha
15 ml / 1 žlica sojinog umaka
5 ml / 1 žličica šećera
120 ml / 4 fl oz / ½ šalice pileće juhe

Namočite gljive u toploj vodi 30 minuta, a zatim filtrirajte. Bacite peteljke i odrežite vrhove. Stavite piletinu u zdjelu. Pomiješajte đumbir, mladi luk, kukuruzni škrob, vino ili sherry, vodu i sol, dodajte piletini i ostavite stajati 1 sat. Zagrijte pola ulja i ispecite piletinu dok lagano ne porumeni pa je izvadite iz tave. Zagrijte preostalo ulje i pržite suhe i svježe gljive te klice graha 3 minute. Dodajte sojin umak, šećer i juhu, zakuhajte, poklopite i kuhajte 4 minute dok povrće ne omekša. Vratite piletinu u tavu, dobro promiješajte i lagano zagrijte prije posluživanja.

Piletina kuhana na pari s gljivama

za 4 osobe

4 komada piletine

30 ml / 2 žlice kukuruznog brašna (kukuruzni škrob)

30 ml / 2 žlice soja umaka

3 mlada luka, nasjeckana

2 kriške korijena đumbira, mljevenog

2,5 ml / ½ žličice soli

100 g gljiva, narezanih na ploške

Komade piletine narežite na komade od 5 cm i stavite u vatrostalnu posudu. Pomiješajte kukuruznu krupicu i sojin umak u pastu, dodajte mladi luk, đumbir i sol, pa dobro promiješajte s piletinom. Pažljivo umiješajte gljive. Zdjelu stavite na rešetku kuhala na pari, poklopite i kuhajte na pari iznad kipuće vode oko 35 minuta, dok piletina ne omekša.

Piletina s lukom

za 4 osobe

60 ml / 4 žlice ulja od kikirikija
2 sitno nasjeckana luka
450 g/lb piletine, narezane na kriške
30 ml / 2 žlice rižinog vina ili suhog šerija
250 ml / 8 tečnih oz / 1 šalica pileće juhe
45 ml / 3 žlice soja umaka
30 ml / 2 žlice kukuruznog brašna (kukuruzni škrob)
45 ml / 3 žlice vode

Zagrijte ulje i lagano popržite luk. Dodajte piletinu i pržite dok lagano ne porumeni. Dodajte vino ili šeri, temeljac i sojin umak, zakuhajte, poklopite i kuhajte na laganoj vatri 25 minuta dok piletina ne omekša. Kukuruzno brašno i vodu pomiješajte u pastu, umiješajte u tavu i pirjajte uz miješanje dok se umak ne razbistri i zgusne.

Piletina od naranče i limuna

za 4 osobe

350g/1lb piletine, narezane na trakice
30 ml / 2 žlice ulja od kikirikija
2 češnja češnjaka, mljevena
2 kriške nasjeckanog korijena đumbira
naribana kora polovice naranče
naribana korica pola limuna
45 ml / 3 žlice soka od naranče
45 ml / 3 žlice soka od limuna
15 ml / 1 žlica sojinog umaka
3 mlada luka, nasjeckana
15 ml / 1 žlica kukuruznog brašna (kukuruzni škrob)
45 ml / 1 žlica vode

Piletinu blanširajte u kipućoj vodi 30 sekundi, zatim ocijedite. Zagrijte ulje i pržite češnjak i đumbir 30 sekundi. Dodajte koricu i sok naranče i limuna, sojin umak i mladi luk te pržite 2 minute. Dodajte piletinu i pirjajte nekoliko minuta dok piletina ne omekša. Pomiješajte kukuruznu krupicu i vodu dok ne postane pasta, umiješajte u tavu i pirjajte uz miješanje dok se umak ne zgusne.

Piletina s umakom od kamenica

za 4 osobe

30 ml / 2 žlice ulja od kikirikija
1 češanj češnjaka protisnuti
1 kriška đumbira, sitno nasjeckanog
450 g/lb piletine, narezane na kriške
250 ml / 8 tečnih oz / 1 šalica pileće juhe
30 ml / 2 žlice umaka od kamenica
15 ml / 1 žlica rižinog vina ili šerija
5 ml / 1 žličica šećera

Zagrijte ulje s češnjakom i đumbirom i pržite dok lagano ne porumene. Dodajte piletinu i kuhajte dok lagano ne porumeni, oko 3 minute. Dodajte juhu, umak od kamenica, vino ili šeri i šećer, pustite da zavrije, miješajući, zatim poklopite i pustite da lagano kuha oko 15 minuta, povremeno miješajući, dok piletina ne omekša. Skinite poklopac i nastavite kuhati, miješajući, dok umak ne omekša i zgusne se, oko 4 minute.

paketi piletine

za 4 osobe

225 g / 8 oz piletine

30 ml / 2 žlice rižinog vina ili suhog šerija

30 ml / 2 žlice soja umaka

voštani papir ili pergament papir

30 ml / 2 žlice ulja od kikirikija

ulje za prženje

Piletinu narežite na kockice veličine 5/2 cm, pomiješajte vino ili sherry i soja umak, prelijte preko piletine i dobro promiješajte. Pokrijte i ostavite stajati 1 sat uz povremeno miješanje. Papir izrežite na kvadrate od 10 cm i premažite uljem. Piletinu dobro ocijedite. Stavite list papira na radnu površinu tako da je jedan kut okrenut prema vama. Stavite komad piletine u kvadrat ispod središta, preklopite donji kut i ponovno preklopite kako biste obuhvatili piletinu. Presavijte strane, a zatim preklopite gornji kut kako biste pričvrstili paket. Zagrijte ulje i pržite paketiće piletine oko 5 minuta dok ne omekšaju. Poslužujemo ga vrućeg u paketićima da ga gosti mogu podijeliti.

Piletina s lješnjacima

za 4 osobe

225 g piletine, tanko narezane
1 bjelanjak, lagano tučen
10 ml / 2 žličice kukuruznog brašna (kukuruzni škrob)
45 ml / 3 žlice ulja od kikirikija (kikiriki)
1 češanj češnjaka protisnuti
1 kriška korijena đumbira, mljevena
2 poriluka sitno nasjeckana
30 ml / 2 žlice soja umaka
15 ml / 1 žlica rižinog vina ili suhog šerija
100 g / 4 oz prženog kikirikija

Pomiješajte piletinu s bjelanjcima i kukuruznim škrobom dok se dobro ne prekrije. Zagrijte pola ulja i pržite piletinu dok ne porumeni pa je izvadite iz tave. Zagrijte preostalo ulje i pržite s češnjakom i đumbirom dok ne omekšaju. Dodajte poriluk i pržite dok lagano ne porumeni. Dodajte soja umak i vino ili šeri i kuhajte 3 minute. Vratite piletinu u tavu s kikirikijem i pirjajte dok se ne zagrije.

Piletina s maslacem od kikirikija

za 4 osobe

4 pileća prsa, narezana na kockice
sol i svježe mljeveni papar
5 ml / 1 žličica praha pet začina
45 ml / 3 žlice ulja od kikirikija (kikiriki)
1 glavica luka narezana na kockice
2 mrkve, narezane na kockice
1 štapić celera, narezan na kockice
300 ml / ½ pt / 1 ¼ šalice pileće juhe
10 ml / 2 žličice paste od rajčice (tjestenine)
100 g / 4 oz maslaca od kikirikija
15 ml / 1 žlica sojinog umaka
10 ml / 2 žličice kukuruznog brašna (kukuruzni škrob)
prstohvat smeđeg šećera
15 ml / 1 žlica nasjeckanog vlasca

Začinite piletinu solju, paprom i pet začina u prahu. Zagrijte ulje i pržite piletinu dok ne omekša. Izvadite iz posude. Dodajte povrće i pržite dok ne omekša, ali još uvijek bude hrskavo. Pomiješajte juhu s ostalim sastojcima, osim vlasca, umiješajte u tavu i zakuhajte. Vratite piletinu u tavu i ponovo promiješajte. Poslužite posipano šećerom.

Piletina s graškom

za 4 osobe

60 ml / 4 žlice ulja od kikirikija
1 sitno nasjeckani luk
450 g/lb piletine, narezane na kockice
sol i svježe mljeveni papar
100 g graška
2 stabljike celera nasjeckane
100 g sitno nasjeckanih gljiva
250 ml / 8 tečnih oz / 1 šalica pileće juhe
15 ml / 1 žlica kukuruznog brašna (kukuruzni škrob)
15 ml / 1 žlica sojinog umaka
60 ml / 4 žlice vode

Zagrijte ulje i lagano popržite luk. Dodajte piletinu i kuhajte dok ne porumeni. Posolite i popaprite, dodajte grašak, celer i gljive te dobro promiješajte. Dodajte juhu, zakuhajte, poklopite i kuhajte 15 minuta. Pomiješajte kukuruzno brašno, sojin umak i vodu dok ne postane pasta, umiješajte u tavu i pirjajte uz miješanje dok se umak ne izbistri i zgusne.

pekinška piletina

za 4 osobe

4 porcije piletine
sol i svježe mljeveni papar
5 ml / 1 žličica šećera
1 mladi luk (kapula), sitno nasjeckan
1 kriška korijena đumbira, mljevena
15 ml / 1 žlica sojinog umaka
15 ml / 1 žlica rižinog vina ili suhog šerija
15 ml / 1 žlica kukuruznog brašna (kukuruzni škrob)
ulje za prženje

Stavite komade piletine u plitku zdjelu i pospite solju i paprom. Pomiješajte šećer, mladi luk, đumbir, soja umak i vino ili šeri, premažite piletinu, poklopite i marinirajte 3 sata. Piletinu ocijedite i pospite kukuruznom krupom. Zagrijte ulje i dobro ispecite pileća prsa dok ne porumene. Dobro ocijedite prije posluživanja.

Piletina sa paprikom

za 4 osobe

60 ml / 4 žlice soja umaka
45 ml / 3 žlice rižinog vina ili suhog šerija
45 ml / 3 žlice kukuruznog brašna (kukuruzni škrob)
450 g / 1 lb piletine, sitno nasjeckane (mljevene)
60 ml / 4 žlice ulja od kikirikija
2,5 ml / ½ žličice soli
2 češnja češnjaka, mljevena
2 crvene paprike narezane na kockice
1 zelena paprika, narezana na kockice
5 ml / 1 žličica šećera
300 ml / ½ pt / 1 ¼ šalice pileće juhe

Umiješajte pola soja umaka, pola vina ili šerija i pola kukuruznog škroba. Prelijte preko piletine, dobro promiješajte i marinirajte najmanje 1 sat. Zagrijte pola ulja sa solju i češnjakom dok češnjak ne porumeni. Dodajte piletinu i marinadu i kuhajte oko 4 minute, dok piletina ne pobijeli, a zatim izvadite iz posude. U tavu ulijte preostalo ulje i pržite paprike 2 minute. Dodajte šećer u tavu s preostalim sojinim umakom, vinom ili šerijem i kukuruznom brašnom i dobro promiješajte. Dodajte juhu, zakuhajte i uz miješanje kuhajte dok se umak ne zgusne. Vratite piletinu u tavu, poklopite i pirjajte 4 minute, dok piletina ne omekša.

Pečena piletina s paprikom

za 4 osobe

1 pileća prsa, tanko narezana
2 kriške nasjeckanog korijena đumbira
2 mlada luka (mladi luk), nasjeckana
15 ml / 1 žlica kukuruznog brašna (kukuruzni škrob)
30 ml / 2 žlice rižinog vina ili suhog šerija
30 ml / 2 žlice vode
2,5 ml / ½ žličice soli
45 ml / 3 žlice ulja od kikirikija (kikiriki)
100 g / 4 oz vodenih kestena, narezanih
1 crvena paprika narezana na trakice
1 zelena paprika narezana na trakice
1 žuta paprika narezana na trakice
30 ml / 2 žlice soja umaka
120 ml / 4 fl oz / ½ šalice pileće juhe

Stavite piletinu u zdjelu. Pomiješajte đumbir, mladi luk, kukuruzni škrob, vino ili sherry, vodu i sol, dodajte piletini i ostavite stajati 1 sat. Zagrijte pola ulja i ispecite piletinu dok lagano ne porumeni pa je izvadite iz tave. Zagrijte preostalo ulje i pržite vodene kestene i papriku 2 minute. Dodajte sojin umak i juhu, zakuhajte, poklopite i kuhajte 5 minuta dok povrće ne omekša. Vratite piletinu u tavu, dobro promiješajte i lagano zagrijte prije posluživanja.

Piletina i ananas

za 4 osobe

30 ml / 2 žlice ulja od kikirikija

5 ml / 1 žličica soli

2 češnja češnjaka, mljevena

450 g/lb piletine bez kostiju, tanko narezane

2 sitno nasjeckana luka

100 g / 4 oz vodenih kestena, narezanih

100 g / 4 oz ananasa u komadima

30 ml / 2 žlice rižinog vina ili suhog šerija

450 ml / ¾ pt / 2 šalice pileće juhe

5 ml / 1 žličica šećera

svježe mljeveni papar

30 ml / 2 žlice soka od ananasa

30 ml / 2 žlice soja umaka

30 ml / 2 žlice kukuruznog brašna (kukuruzni škrob)

Zagrijte ulje, sol i češnjak dok češnjak ne porumeni. Dodajte piletinu i pržite 2 minute. Dodajte luk, vodene kestene i ananas te pržite 2 minute. Dodajte vino ili šeri, juhu i šećer, pa začinite paprom. Zakuhajte, poklopite i kuhajte 5 minuta. Pomiješajte sok od ananasa, sojin umak i kukuruznu krupicu.

Promiješajte u tavi i kuhajte na laganoj vatri dok se umak ne zgusne i postane proziran.

Piletina s ananasom i ličijem

za 4 osobe

30 ml / 2 žlice ulja od kikirikija
225 g piletine, tanko narezane
1 kriška korijena đumbira, mljevena
15 ml / 1 žlica sojinog umaka
15 ml / 1 žlica rižinog vina ili suhog šerija
200 g / 7 oz konzerviranih komadića ananasa u sirupu
Limenka od 200 g / 7 oz u sirupu od ličija
15 ml / 1 žlica kukuruznog brašna (kukuruzni škrob)

Zagrijte ulje i pržite piletinu dok ne postane svijetlo smeđa. Dodajte soja umak i vino ili šeri i dobro promiješajte. Odmjerite 250 ml/8 tečnih oz/1 šalicu mješavine sirupa od ananasa i ličija, rezervirajte 30 ml/2 žlice. Ostatak dodajte u tavu, zakuhajte i pirjajte nekoliko minuta dok piletina ne omekša. Dodajte komadiće ananasa i liči. Kukuruzno brašno pomiješajte sa sirupom koji ste spremili, umiješajte u tavu i uz miješanje kuhajte dok se umak ne izbistri i ne zgusne.

Piletina sa svinjetinom

za 4 osobe

1 pileća prsa, tanko narezana

100 g / 4 oz nemasne svinjetine, tanko narezane

60 ml / 4 žlice soja umaka

15 ml / 1 žlica kukuruznog brašna (kukuruzni škrob)

1 bjelanjak

45 ml / 3 žlice ulja od kikirikija (kikiriki)

3 kriške nasjeckanog korijena đumbira

50 g izdanaka bambusa, narezanih

225 g gljiva, narezanih na ploške

225 g kineskih listova, naribanih

120 ml / 4 fl oz / ½ šalice pileće juhe

30 ml / 2 žlice vode

Pomiješajte piletinu i svinjetinu. Pomiješajte soja umak, 5ml/1 žličicu kukuruznog brašna i snijeg od bjelanjaka, zatim dodajte piletinu i svinjetinu. Pustite da odstoji 30 minuta. Zagrijte pola ulja i popržite piletinu i svinjetinu dok lagano ne porumene pa ih izvadite iz tave. Zagrijte preostalo ulje i pržite đumbir, mladice bambusa, gljive i kinesko lišće dok ulje dobro ne prekrije. Dodajte juhu i prokuhajte. Smjesu s piletinom vratite u tavu, poklopite i pirjajte oko 3 minute dok meso ne omekša. Preostalo kukuruzno brašno pomiješajte s vodom dok ne postane pasta, umiješajte u umak i kuhajte uz miješanje dok se umak ne zgusne. Poslužite odmah.

Dinstana jaja sa šunkom i ribom

Za 4-6 porcija

6 jaja, odvojenih
225 g mljevenog bakalara
375 ml / 13 fl oz / 1½ šalice tople vode
prstohvat soli
50 g / 2 oz dimljene šunke, nasjeckane
15 ml / 1 žlica ulja od kikirikija
grančice pljosnatog peršina

Bjelanjke izmiksati s ribom, pola vode i malo soli pa izliti u ravnu vatrostalnu posudu. Žumanjke pomiješajte s preostalom vodom, šunkom i malo soli pa to izlijte na smjesu od bjelanjaka. Stavite posudu na rešetku za kuhanje na pari, poklopite i kuhajte na pari iznad kipuće vode oko 20 minuta, dok se jaja ne stvrdnu. Ulje zagrijte do vrenja, prelijte preko jaja i poslužite ukrašeno peršinom.

Dinstana jaja sa svinjetinom

za 4 osobe

45 ml / 3 žlice ulja od kikirikija (kikiriki)
225 g / 8 oz nemasne svinjetine, mljevene
100 g sitno sjeckanog vodenog kestena (mljevenog)
1 mladi luk (kapula), sitno nasjeckan
30 ml / 2 žlice soja umaka
5 ml / 1 žličica soli
120 ml / 4 fl oz / ½ šalice pileće juhe
4 jaja, lagano tučena

Zagrijte ulje i pržite svinjetinu, vodene kestene i mladi luk dok ne posvijetle. Dodajte soja umak i sol pa ocijedite od viška ulja i ulijte u plitku vatrostalnu posudu. Zagrijte juhu, pomiješajte je s jajetom i prelijte preko mesne smjese. Stavite posudu na rešetku za kuhanje na pari, poklopite i kuhajte na pari iznad kipuće vode oko 30 minuta dok se jaja ne stvrdnu.

www.ingramcontent.com/pod-product-compliance
Lightning Source LLC
Chambersburg PA
CBHW050349120526
44590CB00015B/1623